Mohammad Kaleem Galamali

Exercícios práticos para as modernas calculadoras electrónicas de engenharia

Mohammad Kaleem Galamali

Exercícios práticos para as modernas calculadoras electrónicas de engenharia

Um conjunto pronto de exercícios práticos para ajudar os académicos

ScienciaScripts

Imprint

Any brand names and product names mentioned in this book are subject to trademark, brand or patent protection and are trademarks or registered trademarks of their respective holders. The use of brand names, product names, common names, trade names, product descriptions etc. even without a particular marking in this work is in no way to be construed to mean that such names may be regarded as unrestricted in respect of trademark and brand protection legislation and could thus be used by anyone.

Cover image: www.ingimage.com

This book is a translation from the original published under ISBN 978-620-7-46232-2.

Publisher:
Sciencia Scripts
is a trademark of
Dodo Books Indian Ocean Ltd. and OmniScriptum S.R.L publishing group

120 High Road, East Finchley, London, N2 9ED, United Kingdom
Str. Armeneasca 28/1, office 1, Chisinau MD-2012, Republic of Moldova, Europe
Printed at: see last page
ISBN: 978-620-7-67052-9

ÍNDICE

Reconhecimentos

Escrever um manuscrito é uma nobre aventura que, no entanto, não pode ser realizada sem o apoio e incentivo de pessoas próximas ao autor, ao longo de vários meses. É após a conclusão do empreendimento que a apreciação da realização pode ser sentida no fundo do coração do autor, especialmente porque este é o meu vigésimo quarto conjunto de exercícios práticos elaborados.

Como crente, considero fundamental agradecer de coração a Deus por Seus extensos favores em cada passo da vida. Agradeço de coração à minha esposa pelo apoio contínuo em casa neste trabalho acadêmico, brainstorming, críticas relevantes e cuidado com nossos três filhos. Agradecimentos especiais aos meus pais por ajudarem a cuidar de nossos filhos durante os dias de trabalho e todos os outros favores que nos concedem.

No entanto, agradecimentos excepcionais vão aqui para os meus professores, juntamente com os meus supervisores de doutorado, Professor Dr. Nawaz Ali Mohamudally e Professor Dr. Nimal Nissanke por suas sessões muito dedicadas de aconselhamento e treinamento. Sempre sinto sua presença espiritual ao longo de minhas atividades acadêmicas.

" A nova independência electrónica recria o mundo à imagem de uma aldeia global" - Marshall McLuhan

Dr. Mohammad Kaleem GALAMALI (PhD), Acadêmico Pensador Visionário.

República das Maurícias, janeiro de 2023

E-mail: mkaleemg@gmail.com

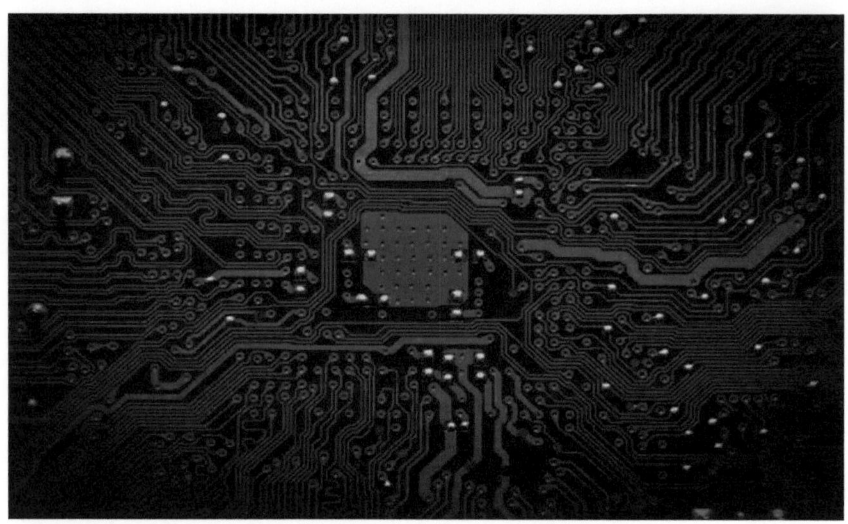

Abstrato

Depois de vinte e três conjuntos anteriores de exercícios práticos apresentados em manuscritos anteriores, inspirei-me na minha experiência em módulos ensinados para produzir este manuscrito. Aqui, foi apresentado um conjunto sucessivo de 33 exercícios práticos escritos de forma coesa em softwares , pertencentes à área de Calculadoras de Engenharia Eletrônica, em estilo semelhante aos manuscritos anteriores. O objetivo de facilitar aos jovens acadêmicos a obtenção de um conjunto pronto de exercícios práticos continua aqui. Este conjunto de exercícios aplica-se melhor aos níveis iniciantes em cursos universitários. É claro que sua aplicabilidade a cursos de nível avançado pode ser apreciada por muitos acadêmicos, a seu critério. Ressalta-se aqui que as adaptações desses exercícios pelos acadêmicos às suas necessidades são muito possíveis.

Pressupõe-se, a este nível, que o hardware necessário, para cada exercício em causa, seja disponibilizado aos alunos em questão.

É fortemente recomendado aqui que os alunos elaborem folhas de resumo boas/viáveis para cada exercício, juntamente com a redação do relatório adequado e as referências necessárias. Para cada exercício, é necessária uma parte de análise por parte dos alunos para desenvolver o seu pensamento e capacidades críticas/profissionais. A maioria dos exercícios foi desenvolvida para computadores/laptops junto com os smartphones/tablets atualmente em alta.

Claro, é sempre recomendável que os alunos se comuniquem adequadamente com seu treinador, que por sua vez é recomendado a realizar acompanhamentos de perto.

Glossário

Ah	amperes-hora.
CC	Corrente direta.
CI	Circuito integrado.
TIC	Tecnologia da informação e Comunicação.
kWh	quilowatt-hora.
LIDERADO	Diodo emissor de luz.
mA/h	Miliamperes -hora.
PCB	Placa de circuito impresso.
FOTO	Controlador de interface periférica.
RC	Resistor-Capacitor.

Publicações anteriores relacionadas

1. **Dr. Galamali Mohammad Kaleem ,** " Hardware-Related Practical Exercises in ICT Fundamentals - A ready-made Set of Practical Exercises for Assisting Academicians" **, LAP LAMBERT Academic Publishing – membro do grupo OmniScriptum SRL Publishing, Moldávia, 07 de julho de 2023,** ISBN: **978-620-6-18485-0**

2. **Dr. Galamali Mohammad Kaleem ,** " Practical Exercises for Business and Management Softwares - A ready-made Set of Practical Exercises for Assisting Academicians" **, LAP LAMBERT Academic Publishing – membro do grupo OmniScriptum SRL Publishing, Moldávia, 24 de julho de 2023,** ISBN: **978-620-6-75178-6**

3. **Dr. Galamali Mohammad Kaleem ,** " Practical Exercises for Personal Empowerment softwares - A ready-made Set of Practical Exercises for Assisting Academicians" **, LAP LAMBERT Academic Publishing – membro do grupo OmniScriptum SRL Publishing, Moldávia, 13 de agosto de 2023,** ISBN: **978-620-6-75571-5**

4. **Dr. Galamali Mohammad Kaleem ,** " Practical Exercises for Improving Security in ICT - A ready-made Set of Practical Exercises for Assisting Academicians" **, LAP LAMBERT Academic Publishing – membro do grupo OmniScriptum SRL Publishing, Moldávia, 7 de setembro de 2023,** ISBN: **978-620-6-78292-6**

5. **Dr. Galamali Mohammad Kaleem ,** " Exercícios práticos para aprimoramento de habilidades pessoais em TIC - Um conjunto pronto de exercícios práticos para auxiliar acadêmicos" **, LAP LAMBERT Academic Publishing – membro do grupo OmniScriptum SRL Publishing, Moldávia, 22 nd Setembro de 2023,** ISBN: **978-620-6-78607-8**

6. **Dr. Galamali Mohammad Kaleem ,** " Exercícios Práticos para Empoderamento Comunitário - Um Conjunto Pronto de Exercícios Práticos para Auxiliar Acadêmicos" , **LAP LAMBERT Academic Publishing – membro do grupo OmniScriptum SRL Publishing, Moldávia, 3º Outubro de 2023,** ISBN: 978-620-6-78790-7

7. **Dr. Galamali Mohammad Kaleem ,** " Exercícios Práticos para Softwares de Apoio à Educação - Um Conjunto Pronto de Exercícios Práticos para Auxiliar Acadêmicos" , **LAP LAMBERT Academic Publishing – membro do grupo OmniScriptum SRL Publishing, Moldávia, 12º Outubro de 2023,** ISBN: 978-620-6-78911-6

8. **Dr. Galamali Mohammad Kaleem ,** " Exercícios práticos para softwares multimídia e de entretenimento - um conjunto pronto de exercícios práticos para auxiliar acadêmicos" , **LAP LAMBERT Academic Publishing – membro do grupo OmniScriptum SRL Publishing, Moldávia, 20º Outubro de 2023,** ISBN: 978-620-6-79079-2

9. **Dr. Galamali Mohammad Kaleem ,** " Exercícios práticos para softwares de assistência profissional especializados - um conjunto pronto de exercícios práticos para auxiliar acadêmicos" , **LAP LAMBERT Academic Publishing – membro do grupo OmniScriptum SRL Publishing, Moldávia, 24th Outubro de 2023,** ISBN: 978-620-6-79195-9

10. **Dr. Galamali Mohammad Kaleem ,** " Exercícios práticos para melhorar as habilidades técnicas em TIC - Um conjunto pronto de exercícios práticos para auxiliar acadêmicos" , **LAP LAMBERT Academic Publishing – membro do grupo OmniScriptum SRL Publishing, Moldávia, 30º Outubro de 2023,** ISBN: 978-620-6-79274-1

11. **Dr. Galamali Mohammad Kaleem ,** " Exercícios práticos para atualizar habilidades em TIC e smartphones - um conjunto pronto de exercícios práticos para auxiliar acadêmicos" , **LAP LAMBERT Academic Publishing – membro do grupo OmniScriptum SRL Publishing, Moldávia, 10º Novembro de 2023,** ISBN: 978-620-6-84371-9

12. **Dr. Galamali Mohammad Kaleem ,** " Practical Software Exercises for Self-Learning Empowerment - A ready-made Set of Practical Exercises for Assisting Academicians" , **LAP LAMBERT Academic Publishing – membro do grupo OmniScriptum SRL Publishing, Moldova, 14th Novembro de 2023,** ISBN: 978-620-3-02687-0

13. **Dr. Galamali Mohammad Kaleem ,** " Exercícios práticos para edificar a sociedade com softwares - um conjunto pronto de exercícios práticos para auxiliar acadêmicos" , **LAP LAMBERT Academic Publishing – membro do grupo OmniScriptum SRL Publishing, Moldávia,** [17°] **Novembro de 2023,** ISBN: 978-620-3-30354-4

14. **Dr. Galamali Mohammad Kaleem ,** " Exercícios práticos para aprimorar habilidades de engenharia de software - um conjunto pronto de exercícios práticos para auxiliar acadêmicos" , **LAP LAMBERT Academic Publishing – membro do grupo OmniScriptum SRL Publishing, Moldávia, 21** [st] **Novembro de 2023,** ISBN: 978-620-6-84666-6

15. **Dr. Galamali Mohammad Kaleem ,** " Practical Exercises for Enhancing Professional Sports softwares - A ready-made Set of Practical Exercises for Assisting Academicians" , **LAP LAMBERT Academic Publishing – membro do grupo OmniScriptum SRL Publishing, Moldova,** [29th] **Novembro de 2023,** ISBN: 978-620-7-44749-7

16. **Dr. Galamali Mohammad Kaleem ,** " Exercícios práticos de software para auxiliar profissões específicas - um conjunto pronto de exercícios práticos para auxiliar acadêmicos" , **LAP LAMBERT Academic Publishing – membro do grupo OmniScriptum SRL Publishing, Moldávia,** [30°] **Novembro de 2023,** ISBN: 978-620-7-44888-3

17. **Dr. Galamali Mohammad Kaleem ,** " Exercícios práticos de software para o bem-estar social geral - um conjunto pronto de exercícios práticos para auxiliar acadêmicos" **, LAP LAMBERT Academic Publishing – membro do grupo OmniScriptum SRL Publishing, Moldávia,** [30°] **Novembro de 2023,** ISBN: 978-620-7-44933-0

18. **Dr. Galamali Mohammad Kaleem ,** " Exercícios práticos para softwares de bem-estar humano - um conjunto pronto de exercícios práticos para auxiliar acadêmicos" , **LAP LAMBERT Academic Publishing – membro do grupo OmniScriptum SRL Publishing, Moldávia, 04** [th] **Dezembro de 2023,** ISBN: 978-620-7-44949-1

19. **Dr. Galamali Mohammad Kaleem ,** " Exercícios práticos para softwares de uso geral - Um conjunto pronto de exercícios práticos para auxiliar acadêmicos" , **LAP LAMBERT Academic Publishing – membro do grupo OmniScriptum SRL Publishing, Moldávia, 05** [th] **Dezembro de 2023,** ISBN: 978-620-7-45015-2

20. **Dr. Galamali Mohammad Kaleem ,** " Exercícios Práticos para Softwares Multimídia Modernos para Negócios - Um Conjunto Pronto de Exercícios Práticos para Auxiliar Acadêmicos" , **LAP LAMBERT Academic Publishing – membro do grupo OmniScriptum SRL Publishing, Moldávia, 07** [th] **Dezembro de 2023,** ISBN: 978-620-7-45056-5

21. **Dr. Galamali Mohammad Kaleem ,** " Exercícios práticos para TIC modernas e ferramentas de calculadora de negócios - um conjunto pronto de exercícios práticos para auxiliar acadêmicos" , **LAP LAMBERT Academic Publishing – membro do grupo OmniScriptum SRL Publishing, Moldávia,** [11º] **Dezembro de 2023,** ISBN: 978-620-7-45106-7

22. **Dr. Galamali Mohammad Kaleem ,** " Practical Exercises for Modern Physics and Construction Tools - A ready-made Set of Practical Exercises for Assisting Academicians" , **LAP LAMBERT Academic Publishing – membro do grupo OmniScriptum SRL Publishing, Moldávia, 18** [de] **janeiro 2024,** ISBN: 978-620-7-45976-6

23. **Dr. Galamali Mohammad Kaleem ,** " Practical Exercises for Multi-Usage Professional Software Calculators - A ready-made Set of Practical Exercises for Assisting Academicians" , **LAP LAMBERT Academic Publishing – membro do grupo OmniScriptum SRL Publishing, Moldávia, 26** [de] **janeiro 2024,** ISBN: 978-620-7-46016-8

Seção 1: Calculadoras de indutância.

1.1 Tarefa 1: Softwares de calculadora de indutância espiral plana com núcleo de ar

.

Recomendação: realizar em grupos de 2 alunos

Tempo prático sugerido – cerca de 6 horas

Você pode consultar os seguintes sites e mais fontes:

https://www.circuits.dk/calculator_flat_spiral_coil_inductor.htm

https://m0ukd.com/calculators/air-cored-inductor-calculator/

https://www.66pacific.com/calculators/coil-inductance-calculator.aspx

https://coil32.net/

https://www.teslascientific.com/products/coil-inductance-calculator/

https://www.daycounter.com/Calculators/Air-Core-Inductor-Calculator.phtml

https://www.circuits.dk/flat-spiral-coil-inductor/

https://www.allaboutcircuits.com/tools/coil-inductance-calculator/

https://k7mem.com/Ind_Coil_Ind_Calc.html

https://engineering.icalculator.com/air-core-flat-spiral-inductance-calculator.html

https://www.easycalculation.com/engineering/electrical/flat-spiral-inductance-calculator.php

https://www.deepfriedneon.com/tesla_f_calcspiral.html

https://www.calculators.live/flat-spiral-inductance-calculator

https://www.electroniq.net/electronic-tutorials/air-core-inductor-equations.html

https://play.google.com/store/apps/details?id=com.belev.android.coilcalculator&hl=en&gl=US

https://coil32.net/online-calculators/rectangular-multilayer-inductor-calculator.html

https://kaizerpowerelectronics.dk/calculators/spiral-coil-calculator/

https://k7mem.com/Ind_Coil_Design.html

https://electronbunker.ca/eb/InductanceCalcML.html

https://www.easycalculation.com/physics/electromagnetismo/spiral-inductance.php

https://www.translatorscafe.com/unit-converter/en-US/calculator/coil-inductance/?D=2&Du=cm&l=1&lu=cm&N=10

https://www.mdpi.com/2079-9292/11/5/750

https://wcalc.sourceforge.net/cgi-bin/air_coil.cgi

http://www.radio.imradioha.org/DIY_Coil_Calculators.html

https://play.google.com/store/apps/details?id=com.belev.android.coilcalculator&hl=en_GB

https://forum.allaboutcircuits.com/threads/calculating-inductance-of-pancake-coils-flat-spiral-coils-with-a-steel-core.22760/

https://wpcalc.com/en/air-core-coil-inductance/

https://www.translatorscafe.com/unit-converter/pt-PT/calculator/planar-coil-inductance/

https://www.diyaudioandvideo.com/Calculator/AirCoreInductorDesigner/

https://www.calctown.com/all-calculators/inductor-calculators

https://br.pinterest.com/pin/ferrite-toroid-core-inductor-online-calculator--735634920393562687/

http://www.csgnetwork.com/spiralcoilinduccalc.html

https://cr4.globalspec.com/thread/129363/Inductance-Boost-of-a-Flat-Planar-Coil-Using-Ferrite

Investigue os softwares de calculadora de indutância em espiral plana Air Core e sua instalação em 5 softwares /aplicativos diferentes , usando uma combinação dos seguintes métodos:

i. Baixe versões gratuitas desses softwares Modern Air Core Flat Spiral Inductance Calculator e execute-os localmente em seu laptop/computador.

ii. Baixe versões gratuitas desses softwares Modern Air Core Flat Spiral Inductance Calculator e execute-os localmente em seu smartphone/tablet.

Este exercício treinará os alunos no uso de softwares modernos de calculadora de indutância em espiral plana com núcleo de ar e suas opções disponíveis e os apresentará à nova era desses softwares de calculadora de indutância em espiral plana com núcleo de ar moderno em smartphones e tablets. Uma pequena amostra de diferentes softwares modernos de calculadora de indutância espiral plana com núcleo de ar também é abordada aqui. Eles podem ser necessários posteriormente durante seu curso, carreira e pesquisa. Ele também pode servir como um estudo preliminar para o aprendizado de softwares mais avançados/licenciados, como softwares modernos de calculadora de indutância espiral plana com núcleo de ar . Os resultados deverão ser demonstrados ao docente, antes da submissão. A submissão pode ser feita em cópia impressa ou eletrônica on-line. Siga as instruções subsequentes, incluindo os prazos relevantes, conforme indicado pelo docente. Os resultados esperados incluem um relatório docx /pdf, em bom formato, contendo o seguinte:

i. Uma folha de resumo da tarefa devidamente elaborada e preenchida.

ii. Os detalhes do computador/laptop sobre o qual os softwares Modern Air Core Flat Spiral Inductance Calculator serão instalados ou as versões do software on-line serão acessadas.

iii. softwares gratuitos de calculadora de indutância em espiral plana Modern Air Core baixados e seus detalhes, incluindo detalhes de instalação.

iv. softwares gratuitos de calculadora de indutância espiral plana de núcleo de ar moderno , com cenários de demonstração de entrada fornecida e saída alcançada, possíveis detalhes sobre o nível de sucesso alcançado, etc. em cada um dos softwares de calculadora de indutância espiral plana de núcleo de ar moderno baixados .

v. Uma análise sucessiva dos diferentes softwares modernos de calculadora de indutância espiral plana com núcleo de ar e qual você considera o melhor como software gratuito para laptop / computador.

vi. Os detalhes do smartphone/tablet sobre o qual os softwares Modern Air Core Flat Spiral Inductance Calculator serão instalados.

vii. Relatório de execução de tais softwares modernos de calculadora de indutância espiral plana de núcleo de ar em smartphones/tablets, com cenários de demonstração de entrada fornecida e saída alcançada, possíveis detalhes sobre o nível de sucesso alcançado, etc. em cada um dos softwares de calculadora de indutância espiral plana de núcleo de ar moderno .

viii. Uma análise sucessiva dos diferentes softwares modernos de calculadora de indutância espiral plana com núcleo de ar e qual você considera o melhor suporte para smartphones / tablets.

ix. Um capítulo de conclusões abrangente.

x. Referências em questão.

xi. Seção "Apêndice" que possui basicamente 3 partes: a primeira parte trata da alocação de tarefas no grupo, a segunda parte da atribuição de agendamento de tarefas e a terceira parte trata das notas de supervisão da reunião e das orientações nelas fornecidas.

1.2 Tarefa 2: Softwares de cálculo de indutância de núcleo com lacunas .

Recomendação: realizar em grupos de 2 alunos

Tempo prático sugerido – cerca de 6 horas

Você pode consultar os seguintes sites e mais fontes:

https://www.e-magnetica.pl/doku.php/calculator/inductance_of_gapped_inductor
https://engineering.icalculator.com/gapped-core-inductance-calculator.html
https://www.easycalculation.com/engineering/electrical/gapped-core-inductance-calculator.php
https://powermagnetics.co.uk/calculator/

https://www.calculators.live/gapped-core-inductance
https://digital-library.theiet.org/content/journals/10.1049/ip-b.1986.0007
https://coil32.net/online-calculators/e-core-calculator.html
https://kv-electronics.com/blog/calculating-inductance-ferrite-transformers-and-inductors
https://www.diyaudio.com/community/threads/inductance-calculator.214230/
https://www.badcaps.net/forum/troubleshooting-hardware-devices-and-electronics-theory/troubleshooting-power-supplies-and-power-supply-design/13678-gapped-ferrite-inductor-calculadora
https:// saving.em.keysight.com/en/calculators/inductance-calculator
https://docplayer.net/49077130-Inductance-calculations-ferroxcube-standard-cores.html
https://www.femm.info/wiki/ACForceExample
https://calculadora.academy/

Investigue os softwares de calculadora de indutância de núcleo espaçado e sua instalação em 5 softwares /aplicativos diferentes , usando uma combinação dos seguintes métodos:

i. Baixe versões gratuitas desses softwares modernos de calculadora de indutância de núcleo com lacunas e execute-os localmente em seu laptop/computador.

ii. Baixe versões gratuitas desses softwares modernos de calculadora de indutância de núcleo com lacunas e execute-os localmente em seu smartphone/tablet.

Este exercício treinará os alunos no uso de softwares modernos de calculadora de indutância de núcleo com lacunas e suas opções disponíveis e os apresentará à nova era desses softwares modernos de calculadora de indutância de núcleo com lacunas em smartphones e tablets. Uma pequena amostra de diferentes softwares modernos de calculadora de indutância de núcleo com lacunas também é abordada aqui. Eles podem ser necessários posteriormente durante seu curso, carreira e pesquisa. Ele também pode servir como um estudo preliminar para o aprendizado de softwares mais avançados/licenciados, como softwares modernos de calculadora de indutância de núcleo com lacunas . Os resultados deverão ser demonstrados ao docente, antes da submissão. A submissão pode ser feita em cópia impressa ou eletrônica on-line. Siga as instruções subsequentes, incluindo os prazos relevantes, conforme indicado pelo docente. Os resultados esperados incluem um relatório docx /pdf, em bom formato, contendo o seguinte:

i. Uma folha de resumo da tarefa devidamente elaborada e preenchida.

ii. Os detalhes do computador/laptop no qual os softwares Modern Gapped Core Inductance Calculator serão instalados ou as versões do software on-line serão acessadas.

iii.   softwares gratuitos de calculadora de indutância de núcleo vazio modernos baixados e seus detalhes, incluindo detalhes de instalação.

iv.   softwares gratuitos de calculadora de indutância de núcleo com lacuna moderna , com cenários de demonstração de entrada fornecida e saída alcançada, possíveis detalhes sobre o nível de sucesso alcançado, etc. em cada um dos softwares de calculadora de indutância de núcleo com lacuna moderna baixados .

v.   Uma análise sucessiva dos diferentes softwares modernos de calculadora de indutância de núcleo com lacunas e qual você considera o melhor software gratuito para laptop/computador.

vi.   Os detalhes do smartphone/tablet sobre o qual os softwares modernos de calculadora de indutância de núcleo espaçado serão instalados.

vii.   Relatório de execução de tais softwares modernos de calculadora de indutância de núcleo com lacunas em smartphones/tablets, com cenários de demonstração de entrada fornecida e saída alcançada, possíveis detalhes sobre o nível de sucesso alcançado, etc. em cada um dos softwares de calculadora de indutância de núcleo com lacunas modernas .

viii.   Uma análise sucessiva dos diferentes softwares modernos de calculadora de indutância de núcleo com lacunas e qual você considera o melhor suporte para smartphones/tablets.

ix.   Um capítulo de conclusões abrangente.

x.   Referências em questão.

xi.   Seção "Apêndice" que possui basicamente 3 partes: a primeira parte trata da alocação de tarefas no grupo, a segunda parte da atribuição de agendamento de tarefas e a terceira parte trata das notas de supervisão da reunião e das orientações nelas fornecidas.

1.3 Tarefa 3: Softwares de cálculo de indutância de cinta de aterramento .

Recomendação: realizar em grupos de 2 alunos

Tempo prático sugerido – cerca de 6 horas

Você pode consultar os seguintes sites e mais fontes:

https://www.easycalculation.com/engineering/electrical/strap-inductance.php
https://calchub.xyz/grounding-strap-inductance/
https://emclab.mst.edu/resources/tools/inductance-calculator/

https://www.digikey.com/en/resources/conversion-calculators/conversion-calculator-inductance

https://voltage-disturbance.com/emi-blog/ground-wire-vs-ground-strap-for-high-frequency-grounding/

https://320volt.com/en/bobin-hesaplama-programi-inductance-calculator/

https://www.eeweb.com/tools/wire-self-inductance-calculator/

https://play.google.com/store/apps/details?id=calculation.world.electricalcalculationapp&hl=en_ZA&gl=US

https://play.google.com/store/apps/details?id=calculation.world.electricalcalculationapp&hl=fr_CH&gl=US

https://www.allaboutcircuits.com/tools/wire-over-plane-inductance-calculator/

https://www.wbdg.org/FFC/NAVFAC/DMMHNAV/hdbk419a_vol2.pdf

https://www.electronicsforu.com/electronics-projects/electronics-design-guides/electromagnetic-grounding-earthing

https://engineering.icalculator.com/grounding-strap-inductance-calculator.html

https://forum.allaboutcircuits.com/threads/braided-earth-cable.166016/

https://technick.net/tools/inductance-calculator/

Investigue os softwares de calculadora de indutância da cinta de aterramento e sua instalação em 5 softwares /aplicativos diferentes , usando uma combinação dos seguintes métodos:

i.   Baixe versões gratuitas desses softwares modernos de calculadora de indutância de cinta de aterramento e execute-os localmente em seu laptop/computador.

ii. Baixe versões gratuitas desses softwares modernos de calculadora de indutância de cinta de aterramento e execute-os localmente em seu smartphone/tablet.

Este exercício treinará os alunos no uso desses softwares modernos de calculadora de indutância de cinta de aterramento e suas opções disponíveis e os apresentará à nova era desses softwares modernos de calculadora de indutância de cinta de aterramento em smartphones e tablets. Uma pequena amostra de diferentes softwares modernos de calculadora de indutância de cinta de aterramento também é abordada aqui. Eles podem ser necessários posteriormente durante seu curso, carreira e pesquisa. Ele também pode servir como um estudo preliminar para o aprendizado de softwares mais avançados/licenciados, como softwares modernos de calculadora de indutância de cinta de aterramento . Os resultados deverão ser demonstrados ao docente, antes da submissão. A submissão pode ser feita em cópia impressa ou eletrônica on-line. Siga as instruções subsequentes, incluindo os prazos relevantes, conforme indicado pelo docente. Os resultados esperados incluem um relatório docx /pdf, em bom formato, contendo o seguinte:

i. Uma folha de resumo da tarefa devidamente elaborada e preenchida.

ii. Os detalhes do computador/laptop no qual os softwares modernos da calculadora de indutância da cinta de aterramento serão instalados ou as versões on-line do software serão acessadas.

iii. softwares modernos gratuitos de calculadora de indutância de cinta de aterramento baixados e seus detalhes, incluindo detalhes de instalação.

iv. Relatório de execução dos softwares modernos gratuitos de calculadora de indutância de cinta de aterramento , com cenários de demonstração de entrada fornecida e saída alcançada, possíveis detalhes sobre o nível de sucesso alcançado, etc. em cada um dos softwares de calculadora de indutância de cinta de aterramento modernos baixados .

v. Uma análise sucessiva dos diferentes softwares de calculadora de indutância de cinta de aterramento e qual você considera o melhor software gratuito para laptop/computador.

vi. Os detalhes do smartphone/tablet sobre o qual serão instalados os softwares modernos de calculadora de indutância de cinta de aterramento.

vii. Relatório de execução de tais softwares modernos de calculadora de indutância de cinta de aterramento em smartphones/tablets, com cenários de demonstração de entrada fornecida e saída alcançada, possíveis detalhes sobre o nível de sucesso alcançado, etc. em cada um dos softwares modernos de calculadora de indutância de cinta de aterramento .

viii. Uma análise sucessiva dos diferentes softwares modernos de calculadora de indutância de cinta de aterramento e qual você considera o melhor suporte para smartphones/tablets.

ix. Um capítulo de conclusões abrangente.

x. Referências em questão.

xi. Seção "Apêndice" que possui basicamente 3 partes: a primeira parte trata da alocação de tarefas no grupo, a segunda parte da atribuição de agendamento de tarefas e a terceira parte trata das notas de supervisão da reunião e das orientações nelas fornecidas.

1.4 Softwares de calculadora de indutância de bobina de núcleo de ar .

Recomendação: realizar em grupos de 2 alunos

Tempo prático sugerido – cerca de 6 horas

Você pode consultar os seguintes sites e mais fontes:

https://m0ukd.com/calculators/air-cored-inductor-calculator/

https://www.circuits.dk/calculator_multi_layer_aircore.htm

https://www.daycounter.com/Calculators/Air-Core-Inductor-Calculator.phtml

https://www.66pacific.com/calculators/coil-inductance-calculator.aspx

https://coil32.net/

https://www.allaboutcircuits.com/tools/coil-inductance-calculator/

https://wcalc.sourceforge.net/cgi-bin/air_coil.cgi

https://k7mem.com/Ind_Coil_Ind_Calc.html

https://www.diyaudioandvideo.com/Calculator/AirCoreInductorDesigner/

https://www.easycalculation.com/physics/electromagnetismo/inductance-air-core-coil.php

https://www.teslascientific.com/products/coil-inductance-calculator/

https://www.translatorscafe.com/unit-converter/en-US/calculator/coil-inductance/?D=2&Du=cm&l=1&lu=cm&N=10

https://www.electricaltechnology.org/2014/03/inductance-air-core-inductor-calculator.html

https://www.ee-diary.com/p/air-core-inductor-calculator.html

https://www.circuits.dk/calculator_single_layer_aircore.htm

https://www.apogeeweb.net/tools/inductance-of-air-core-inductor-calculator.html

http://www.pronine.ca/multind.htm

https://rimstar.org/science_electronics_projects/coil_design_inductance.htm

http://zpostbox.ru/how_to_calculate_inductors.html

https://coil32.net/online-calculators/multilayer-coil-calculator.html

https://engineering.icalculator.com/inductance-of-an-air-core-coil-calculator.html

https://www.jotrin.com/tool/details/KXXQDGLYQZZXJSQ

https://k7mem.com/Ind_Coil_Design.html

https://hamwaves.com/inductance/en/index.html#input

https://www.diyaudio.com/community/threads/qual-é-o-mais-reliable-air-coil-calculator.355060/

https://forum.allaboutcircuits.com/threads/measure-inductance-of-air-core-inductor.188597/

https://www.abex.co.uk/sales/calculators/air_core_inductor/index.php

https://www.i1wqrlinkradio.com/antype/ch37/air-core-coil-inductance-calculator.htm

Investigue a indutância de um software de calculadora de bobina de núcleo de ar e sua instalação em 5 softwares /aplicativos diferentes , usando uma combinação dos seguintes métodos:

i.   Baixe versões gratuitas desses softwares de calculadora de indutância moderna de bobina de núcleo de ar e execute-os localmente em seu laptop/computador.

ii.   Baixe versões gratuitas desses softwares de calculadora de indutância moderna de bobina de núcleo de ar e execute-os localmente em seu smartphone/tablet.

Este exercício treinará os alunos no uso de softwares modernos de calculadora de indutância de bobina de núcleo de ar e suas opções disponíveis e os apresentará à nova era desses softwares de calculadora de indutância moderna de bobina de núcleo de ar em smartphones e tablets. Uma pequena amostra de diferentes softwares modernos de calculadora de indutância de bobina de núcleo de ar também é abordada aqui. Eles podem ser necessários posteriormente durante seu curso, carreira e pesquisa. Ele também pode servir como um estudo preliminar para o aprendizado de softwares mais avançados/licenciados, como softwares modernos de calculadora de indutância de bobina de núcleo de ar . Os resultados deverão ser demonstrados ao docente, antes da submissão. A submissão pode ser feita em cópia impressa ou eletrônica on-line. Siga as instruções subsequentes, incluindo os prazos relevantes, conforme indicado pelo docente. Os resultados esperados incluem um relatório docx /pdf, em bom formato, contendo o seguinte:

i.   Uma folha de resumo da tarefa devidamente elaborada e preenchida.

ii.   Os detalhes do computador/laptop sobre o qual o software de calculadora de indutância moderna de uma bobina de núcleo de ar será instalado ou as versões de software on-line serão acessadas.

iii. softwares gratuitos de calculadora de indutância moderna de bobina de núcleo de ar baixados e seus detalhes, incluindo detalhes de instalação.

iv.   softwares gratuitos de calculadora de indutância moderna de bobina de núcleo de ar , com cenários de demonstração de entrada fornecida e saída alcançada, possíveis detalhes sobre o nível de sucesso alcançado, etc. em cada um dos softwares de calculadora de indutância moderna de bobina de núcleo de ar baixados .

v.   Uma análise sucessiva dos diferentes softwares de calculadora de indutância moderna de bobina de núcleo de ar e qual você considera o melhor como software gratuito para laptop / computador.

vi.   Os detalhes do smartphone/tablet sobre o qual os softwares modernos de calculadora de indutância de uma bobina de núcleo de ar serão instalados.

vii.   softwares de calculadora de indutância moderna de bobina de núcleo de ar em smartphones/tablets, com cenários de demonstração de entrada fornecida e saída alcançada, possíveis detalhes sobre o nível de sucesso alcançado, etc. em cada uma das indutâncias modernas de uma bobina de núcleo de ar Softwares de calculadora

.

viii.   Uma análise sucessiva dos diferentes softwares de calculadora de indutância moderna de uma bobina de núcleo de ar e qual você considera o melhor suporte para smartphones/tablets.

ix.   Um capítulo de conclusões abrangente.

x.   Referências em questão.

xi.   Seção "Apêndice" que possui basicamente 3 partes: a primeira parte trata da alocação de tarefas no grupo, a segunda parte da atribuição de agendamento de tarefas e a terceira parte trata das notas de supervisão da reunião e das orientações nelas fornecidas.

Seção 2: Calculadoras de Impedância.

2.1   Tarefa 5: Softwares de cálculo de impedância de linha coaxial (Z_0) .

Recomendação: realizar em grupos de 2 alunos

Tempo prático sugerido – cerca de 6 horas

Você pode consultar os seguintes sites e mais fontes:

https://www.everythingrf.com/rf-calculators/coaxial-cable-calculator

https://www.pasternack.com/t-calculator-coax-cutoff.aspx

https://www.allaboutcircuits.com/tools/coax-impedance-calculator/

https://www.rfcables.org/coax-calculator.html

https://www.translatorscafe.com/unit-converter/uk-UA/calculator/coaxial-cable/

https://www.rfwireless-world.com/calculators/coaxial-cable-impedance-calculator.html

https://www.calculators.live/coaxial-line-impedance-calculator

https://eliterfllc.com/rf-calculators/coaxial-cable-impedance-calculator

https://www.mantaro.com/resources/impedance-calculator.htm

https://www.trance-cat.com/electrical-circuit-calculators/en/coaxial-impedance-calculator.php

https://www.ainfoinc.com/t-calculator-coax-cutoff

https://space.mit.edu/RADIO/CST_online/mergedProjects/3D/cbls/meshing_modeling/imped ance_calculator.htm

https://www.everythingrf.com/rf-calculators/diferencial-microstrip-impedance-from-zo-calculator

https://www.microwaves101.com/calculators/863-coax-calculator

https://forum.allaboutcircuits.com/threads/coaxial-cable-impedance-calculations.150938/

https://www.youtube.com/watch?v=SSadMuMTlpo

https://www.eeweb.com/tools/coax/

https://forum.kicad.info/t/differencial-pair-impedance-calculator/4178

https://www.youtube.com/watch?v=hqKLFbNYRZc

https://www.easycalculation.com/engineering/electrical/coaxial-line-impedance-calculator.php

https://www.youtube.com/watch?app=desktop&v=-6NxQ8EZZOra

https://www.youtube.com/watch?v=0-lXiV2dXOM

https://www.electronicsforu.com/special/coax-impedance-calculator

https://www.youtube.com/watch?v=Il_eju4D_TM

https://rfcalculator.com/Coaxial-impedance/

https://3g-aerial.biz/en/online-calculations/other-calculations/circular-coaxial-characteristic-impedance-online-calculator

Investigue softwares de calculadora de impedância de linha coaxial (Z_0) e sua instalação em 5 softwares /aplicativos diferentes , usando uma combinação dos seguintes métodos:

i. Baixe versões gratuitas desses softwares modernos de calculadora de impedância de linha coaxial (Z_0) e execute-os localmente em seu laptop/computador.

ii. Baixe versões gratuitas desses softwares modernos de calculadora de impedância de linha coaxial (Z_0) e execute-os localmente em seu smartphone/tablet.

Este exercício treinará os alunos no uso de softwares modernos de calculadora de impedância de linha coaxial (Z_0) e suas opções disponíveis e os apresentará à nova era desses softwares modernos de calculadora de impedância de linha coaxial (Z_0) em smartphones e tablets. Uma pequena amostra de diferentes softwares modernos de calculadora de impedância de linha coaxial (Z_0) também é abordada aqui. Eles podem ser necessários posteriormente durante seu curso, carreira e pesquisa. Ele também pode servir como um estudo preliminar para o aprendizado de softwares de calculadora de impedância de linha coaxial moderna (Z_0) mais avançados/licenciados . Os resultados deverão ser demonstrados ao docente, antes da submissão. A submissão pode ser feita em cópia impressa ou eletrônica on-line. Siga as instruções subsequentes, incluindo os prazos relevantes, conforme indicado pelo docente. Os resultados esperados incluem um relatório docx /pdf, em bom formato, contendo o seguinte:

i. Uma folha de resumo da tarefa devidamente elaborada e preenchida.

ii. Os detalhes do computador/laptop no qual os softwares da calculadora moderna de impedância de linha coaxial (Z_0) serão instalados ou as versões on-line do software serão acessadas.

iii. softwares gratuitos de calculadora de impedância de linha coaxial moderna (Z_0) baixados e seus detalhes, incluindo detalhes de instalação.

iv. Relatório de execução de softwares gratuitos de calculadora de impedância de linha coaxial moderna (Z_0), com cenários de demonstração de entrada fornecida e saída alcançada, possíveis detalhes sobre o nível de sucesso alcançado, etc. em cada um dos downloads de impedância de linha coaxial moderna (Z_0) Softwares de calculadora .

v. Uma análise sucessiva dos diferentes softwares de calculadora de impedância de linha coaxial (Z_0) e qual você considera o melhor como o software gratuito para laptop/computador.

vi. Os detalhes do smartphone/tablet sobre o qual serão instalados os softwares modernos de calculadora de impedância de linha coaxial (Z_0) .

vii. softwares de calculadora de impedância de linha coaxial moderna (Z_0) em smartphones/tablets, com cenários de demonstração de entrada fornecida e saída alcançada, possíveis detalhes sobre o nível de sucesso alcançado, etc. $_0$) Softwares de calculadora .

viii. Uma análise sucessiva dos diferentes softwares modernos de calculadora de impedância de linha coaxial (Z_0) e qual você considera o melhor suporte para smartphones/tablets.

ix. Um capítulo de conclusões abrangente.

x. Referências em questão.

xi. Seção "Apêndice" que possui basicamente 3 partes: a primeira parte trata da alocação de tarefas no grupo, a segunda parte da atribuição de agendamento de tarefas e a terceira parte trata das notas de supervisão da reunião e das orientações nelas fornecidas.

2.2 Tarefa 6: Impedância Diferencial de Softwares de Calculadora de PCB .

Recomendação: realizar em grupos de 2 alunos

Tempo prático sugerido – cerca de 6 horas

Você pode consultar os seguintes sites e mais fontes:

https://www.everythingrf.com/rf-calculators/diferencial-microstrip-impedance-calculator

https://www.multi-circuit-boards.eu/en/pcb-design-aid/impedance-calculation.html

https://www.pcbway.com/pcb_prototype/impedance_calculator.html

https://resources.altium.com/p/diferencial-microstrip-impedance-calculator

https://www.digikey.com/en/resources/conversion-calculators/conversion-calculator-pcb-trace-impedance

https://jlcpcb.com/pcb-impedance-calculator/

https://www.protoexpress.com/tools/pcb-impedance-calculator/

https://forum.kicad.info/t/diferencial-impedance-calculator-in-kicad/39412

https://resources.altium.com/p/diferencial-stripline-impedance-calculator

https://www.eeweb.com/tools/edge-coupled-microstrip-impedance/

https://www.omnicalculator.com/other/pcb-impedance

https://fedevel.com/blog/pcb-impedance-calculator-single-ended-diferencial-pair

https://forum.allaboutcircuits.com/threads/pcb-diferencial-impedance-calculators.197067/

https://www.eeweb.com/tools/edge-coupled-stripline-impedance/

https://www.eurocircuits.com/blog/defined-impedance-calculators/

https://forum.allaboutcircuits.com/threads/diferencial-impedance-calculation.193250/

https://www.eevblog.com/forum/projects/diferencial-impedance-calculations/

https://www.coresourcetech.com/resources/calculators.htm

https://www.emerald.com/insight/content/doi/10.1108/cw.1999.21725aad.013/full/html

https://www.multi-circuit-boards.eu/en/news-detail/article/impedance-calculator-online.html

https://www.protoexpress.com/tools/via-impedance-calculator/

https://www.youtube.com/watch?v=PTFfJyQUr74

https://www.raypcb.com/pcb-trace-impedance-calculator/

https://community.cadence.com/cadence_technology_forums/pcb-design/f/pcb-design/21004/impedance-calculator

https://calculator.academy/diferencial-impedance-calculator/

https://www.eevblog.com/forum/beginners/calculando-impedância-diferencial-for-usb-diferencial-pair/

https://easyeda.com/forum/topic/Impedance-calculator-2feb1a2ed31c4ae789ffb5e3d9124660

https://www.easycalculation.com/engineering/electrical/pcb-diferencial-impedance-calculator.php

https://space.mit.edu/RADIO/CST_online/mergedProjects/PCB/pcbs/2_editing_a_pcb/5_impedance_calculator.htm

https://technick.net/tools/impedance-calculator/

https://cart.jlcpcb.com/impedanceCalculation

https://emclab.mst.edu/resources/tools/pcb-trace-impedance-calculator/

https://www.rfwireless-world.com/calculators/Differential-Microstrip-Impedance-Calculator.html

https://www.multekpcb.com/calculators/

https://www.azcalculator.com/calc/microstrip-pcb-diferencial-impedance-.php

Investigue a impedância diferencial de softwares de calculadora PCB e sua instalação em 5 softwares /aplicativos diferentes , usando uma combinação dos seguintes métodos:

i. Baixe versões gratuitas desses softwares modernos de impedância diferencial de calculadora PCB e execute-os localmente em seu laptop/computador.

ii. Baixe versões gratuitas desses softwares de calculadora de impedância diferencial moderna de PCB e execute-os localmente em seu smartphone/tablet.

Este exercício treinará os alunos no uso de softwares de impedância diferencial moderna de calculadora de PCB e suas opções disponíveis e os apresentará à nova era de softwares de impedância diferencial moderna de calculadora de PCB em smartphones e tablets. Um pequeno resumo de diferentes impedâncias diferenciais modernas de softwares de calculadoras de PCB também é abordado aqui. Eles podem ser necessários posteriormente durante seu curso, carreira e pesquisa. Também pode servir como um estudo preliminar para o aprendizado de softwares mais avançados/licenciados, como impedância diferencial moderna de softwares de calculadora de PCB . Os resultados deverão ser demonstrados ao docente, antes da submissão. A submissão pode ser feita em cópia impressa ou eletrônica on-line. Siga as instruções subsequentes, incluindo os prazos relevantes, conforme indicado pelo docente. Os resultados esperados incluem um relatório docx /pdf, em bom formato, contendo o seguinte:

i.   Uma folha de resumo de tarefas devidamente elaborada e preenchida .

ii.   Os detalhes do computador/laptop sobre o qual o Software de Calculadora de Impedância Diferencial Moderna de PCB será instalado ou as versões do software on-line serão acessadas.

iii.   softwares gratuitos de impedância diferencial moderna de calculadora PCB baixados e seus detalhes, incluindo detalhes de instalação.

iv.   Relatório de execução dos softwares gratuitos de impedância diferencial moderna de calculadora de PCB , com cenários de demonstração de entrada fornecida e saída alcançada, possíveis detalhes sobre o nível de sucesso alcançado, etc. em cada um dos softwares de impedância diferencial moderna de calculadora de PCB baixados .

v.   Uma análise sucessiva dos diferentes softwares de impedância diferencial moderna de calculadora de PCB e qual você considera o melhor software gratuito para laptop/computador.

vi.   Os detalhes do smartphone/tablet sobre o qual será instalado o Moderno Impedância Diferencial dos Softwares de Calculadora PCB.

vii.   softwares de impedância diferencial moderna de calculadora de PCB em smartphones/tablets, com cenários de demonstração de entrada fornecida e saída alcançada, possíveis detalhes sobre o nível de sucesso alcançado, etc. em cada um dos softwares de impedância diferencial moderna de calculadora de PCB .

viii.   Uma análise sucessiva dos diferentes softwares de calculadora de impedância diferencial moderna de PCB e qual você considera o melhor suporte para smartphones/tablets.

ix.   Um capítulo de conclusões abrangente.

x.   Referências em questão.

xi.   Seção "Apêndice" que possui basicamente 3 partes: a primeira parte trata da alocação de tarefas no grupo, a segunda parte da atribuição de agendamento de tarefas e a terceira parte trata das notas de supervisão da reunião e das orientações nelas fornecidas.

2.3   Tarefa 7: Softwares de calculadora de impedância de microfita .

Recomendação: realizar em grupos de 2 alunos

Tempo prático sugerido – cerca de 6 horas

Você pode consultar os seguintes sites e mais fontes:

https://www.everythingrf.com/rf-calculators/microstrip-impedance-calculator

https://www.eeweb.com/tools/microstrip/

https://www.allaboutcircuits.com/tools/microstrip-impedance-calculator/

https://www.pasternack.com/t-calculator-microstrip.aspx

https://www.emtalk.com/mscalc.php

https://emclab.mst.edu/resources/tools/pcb-trace-impedance-calculator/microstrip/

https://resources.altium.com/p/microstrip-impedance-calculator

https://www.everythingrf.com/rf-calculators/microstrip-calculator

https://www.allaboutcircuits.com/tools/wire-microstrip-impedance-calculator/

https://www.mantaro.com/resources/impedance-calculator.htm

https://www.allaboutcircuits.com/tools/embedded-microstrip-impedance-calculator/

https://www.chemandy.com/calculators/microstrip-transmission-line-calculator.htm

https://www.pasternack.com/t-calculator-stripline.aspx

https://www.eeweb.com/tools/embedded-microstrip-impedance/

https://www.electronicsforu.com/special/microstrip-impedance-calculator

https://www.apogeeweb.net/tools/embedded-microstrip-impedance-calculator.html

https://leleivre.com/rf_microstrip.html

https://emclab.mst.edu/resources/tools/pcb-trace-impedance-calculator/embedded/

https://resources.pcb.cadence.com/blog/2023-pcb-impedance-calculator-trace-characteristics

https://www.rfwireless-world.com/calculators/Embedded-Microstrip-Impedance-Calculator.html

https://leleivre.com/rf_stripline.html

https://calculator.academy/microstrip-diferencial-impedance-calculator/

https://eliterfllc.com/rf-calculators/diferencial-microstrip-impedance-calculator

https://circuitdigest.com/calculators/microstrip-line-calculator

https://www.cepd.com/resources-calculators/microstrip

https://ncalculators.com/electronics/diferencial-microstrip-impedance-calculator.htm

https://eliterfllc.com/rf-calculators/microstrip-calculator

Investigue os softwares de calculadora de impedância Microstrip e sua instalação em 5 softwares /aplicativos diferentes , usando uma combinação dos seguintes métodos:

i.   Baixe versões gratuitas desses softwares modernos de calculadora de impedância de microfita e execute-os localmente em seu laptop/computador.

ii.   Baixe versões gratuitas desses softwares modernos de calculadora de impedância de microstrip e execute-os localmente em seu smartphone/tablet.

Este exercício treinará os alunos no uso de tais softwares modernos de calculadora de impedância de microstrip e suas opções disponíveis e apresentá-los-á à nova era desses softwares modernos de calculadora de impedância de microstrip em smartphones e tablets. Uma pequena amostra de diferentes softwares modernos de calculadora de impedância de microfita também é abordada aqui. Eles podem ser necessários posteriormente durante seu curso, carreira e pesquisa. Ele também pode servir como um estudo preliminar para o aprendizado de softwares mais avançados/licenciados, como softwares modernos de calculadora de impedância de microfita . Os resultados deverão ser demonstrados ao docente, antes da submissão. A submissão pode ser feita em cópia impressa ou eletrônica on-line. Siga as instruções subsequentes, incluindo os prazos relevantes, conforme indicado pelo docente. Os resultados esperados incluem um relatório docx /pdf, em bom formato, contendo o seguinte:

i.   Uma folha de resumo da tarefa devidamente elaborada e preenchida.

ii.   Os detalhes do computador/laptop no qual os softwares Modern Microstrip Impedance Calculator serão instalados ou as versões do software on-line serão acessadas.

iii.   softwares modernos gratuitos de calculadora de impedância de microstrip baixados e seus detalhes, incluindo detalhes de instalação.

iv.   Relatório de execução dos softwares modernos gratuitos de calculadora de impedância de microstrip , com cenários de demonstração de entrada fornecida e saída alcançada, possíveis detalhes sobre o nível de sucesso alcançado, etc. em cada um dos softwares modernos de calculadora de impedância de microstrip baixados .

v.   Uma análise sucessiva dos diferentes softwares modernos de calculadora de impedância de microfita e qual você considera o melhor software gratuito para laptop/computador.

vi.   Os detalhes do smartphone/tablet sobre o qual os softwares modernos de calculadora de impedância de microfita serão instalados.

vii. Relatório de execução de tais softwares modernos de calculadora de impedância de microstrip em smartphones/tablets, com cenários de demonstração de entrada fornecida e saída alcançada, possíveis detalhes sobre o nível de sucesso alcançado, etc. em cada um dos softwares modernos de calculadora de impedância de microstrip .

viii. Uma análise sucessiva dos diferentes softwares modernos de calculadora de impedância de microfita e qual você considera o melhor suporte para smartphones/tablets.

ix. Um capítulo de conclusões abrangente.

x. Referências em questão.

xi. Seção "Apêndice" que possui basicamente 3 partes: a primeira parte trata da alocação de tarefas no grupo, a segunda parte da atribuição de agendamento de tarefas e a terceira parte trata das notas de supervisão da reunião e das orientações nelas fornecidas.

2.4 Tarefa 8: Softwares de calculadora de impedância diferencial de PCB Microstrip .

Recomendação: realizar em grupos de 2 alunos

Tempo prático sugerido – cerca de 6 horas

Você pode consultar os seguintes sites e mais fontes:

https://www.everythingrf.com/rf-calculators/diferencial-microstrip-impedance-calculator
https://resources.altium.com/p/diferencial-microstrip-impedance-calculator
https://www.eeweb.com/tools/edge-coupled-microstrip-impedance/
https://www.everythingrf.com/rf-calculators/diferencial-microstrip-impedance-from-zo-calculator
https://www.rfwireless-world.com/calculators/Differential-Microstrip-Impedance-Calculator.html
https://eliterfllc.com/rf-calculators/diferencial-microstrip-impedance-calculator
https://resources.altium.com/p/diferencial-stripline-impedance-calculator
https://forum.kicad.info/t/diferencial-impedance-calculator-in-kicad/39412
https://ncalculators.com/electronics/diferencial-microstrip-impedance-calculator.htm
https://electronics.stackexchange.com/questions/622930/diferencial-microstrip-impedance-calculators-giving-conflicting-answers
https://calculator.academy/diferencial-impedance-calculator/

Investigue os softwares de calculadora de impedância diferencial Microstrip PCB e sua instalação em 5 softwares /aplicativos diferentes , usando uma combinação dos seguintes métodos:

i. Baixe versões gratuitas desses softwares modernos de calculadora de impedância diferencial PCB Microstrip e execute-os localmente em seu laptop/computador.

ii. Baixe versões gratuitas desses softwares modernos de calculadora de impedância diferencial PCB Microstrip e execute-os localmente em seu smartphone/tablet.

Este exercício treinará os alunos no uso de softwares modernos de calculadora de impedância diferencial de PCB de microstrip e suas opções disponíveis e os apresentará à nova era desses softwares modernos de calculadora de impedância diferencial de PCB de microstrip em smartphones e tablets. Uma pequena amostra de diferentes softwares modernos de calculadora de impedância diferencial de PCB Microstrip também é abordada aqui. Eles podem ser necessários posteriormente durante seu curso, carreira e pesquisa. Ele também pode servir como um estudo preliminar para o aprendizado de softwares mais avançados/licenciados, como softwares modernos de calculadora de impedância diferencial de PCB Microstrip . Os resultados deverão ser demonstrados ao docente, antes da submissão. A submissão pode ser feita em cópia impressa ou eletrônica on-line. Siga as instruções subsequentes, incluindo os prazos relevantes, conforme indicado pelo docente. Os resultados esperados incluem um relatório docx /pdf, em bom formato, contendo o seguinte:

i. Uma folha de resumo da tarefa devidamente elaborada e preenchida.

ii. Os detalhes do computador/laptop no qual os softwares da calculadora de impedância diferencial Modern Microstrip PCB serão instalados ou as versões do software on-line serão acessadas.

iii. softwares gratuitos de calculadora de impedância diferencial Modern Microstrip PCB baixados e seus detalhes, incluindo detalhes de instalação.

iv. Relatório de execução de softwares gratuitos de calculadora de impedância diferencial de PCB de microstrip moderna , com cenários de demonstração de entrada fornecida e saída alcançada, possíveis detalhes sobre o nível de sucesso alcançado, etc. em cada um dos softwares de calculadora de impedância diferencial de PCB de microstrip modernos baixados .

v. Uma análise sucessiva dos diferentes softwares modernos de calculadora de impedância diferencial de PCB Microstrip e qual você considera o melhor como o software gratuito para laptop/computador.

vi. Os detalhes do smartphone/tablet sobre o qual os softwares modernos de calculadora de impedância diferencial Microstrip PCB serão instalados.

vii. Relatório de execução de tais softwares modernos de calculadora de impedância diferencial de PCB Microstrip em smartphones/tablets, com cenários de demonstração de entrada fornecida e saída alcançada, possíveis detalhes sobre o nível de sucesso alcançado, etc. em cada um dos softwares modernos de calculadora de impedância diferencial PCB Microstrip .

viii. Uma análise sucessiva dos diferentes softwares modernos de calculadora de impedância diferencial de PCB Microstrip e qual você considera o melhor suporte para smartphones / tablets.

ix. Um capítulo de conclusões abrangente.

x. Referências em questão.

xi. Seção "Apêndice" que possui basicamente 3 partes: a primeira parte trata da alocação de tarefas no grupo, a segunda parte da atribuição de agendamento de tarefas e a terceira parte trata das notas de supervisão da reunião e das orientações nelas fornecidas.

2.5 Tarefa 9: Softwares de cálculo de impedância de linhas de transmissão de microfita .

Recomendação: realizar em grupos de 2 alunos

Tempo prático sugerido – cerca de 6 horas

Você pode consultar os seguintes sites e mais fontes:

https://www.chemandy.com/calculators/microstrip-transmission-line-calculator-hartley27.htm
https://journals.sagepub.com/doi/10.1177/15280837231188525?icid=int.sj-full-text.similar-articles.8
https://www.microwaves101.com/calculators/1201-microstrip-calculator
https://www.eeweb.com/tools/wire-microstrip-impedance/
http://pwcircuits.co.uk/microstrip-line-calculator/
https://hillmancurtis.com/microstrip-line-calculator/

https://ieeexplore.ieee.org/document/1049851
https://www.polarinstruments.com/support/cits/AP122.html
https://www.calculators.live/microstrip-line-calculator
https://electronics.stackexchange.com/questions/417159/microstrip-transmission-line-impedance-calculation
https://www.calculatorschool.com/Electric/MicrostripLine.aspx
https://eliterfllc.com/rf-calculators/microstrip-line-impedance-calculator
https://kb.awr.com/display/awrvideos/Transmission+Line+Calculator
https://www.easycalculation.com/engineering/electrical/microstrip-line-calculator.php

Investigue softwares de calculadora de impedância de linhas de transmissão de microfita e sua instalação em 5 softwares /aplicativos diferentes , usando uma combinação dos seguintes métodos:

i. Baixe versões gratuitas desses softwares modernos de calculadora de impedância de linhas de transmissão de microstrip e execute-os localmente em seu laptop/computador.

ii. Baixe versões gratuitas desses softwares modernos de calculadora de impedância de linhas de transmissão de microstrip e execute-os localmente em seu smartphone/tablet.

Este exercício treinará os alunos no uso de softwares modernos de calculadora de impedância de linhas de transmissão de microstrip e suas opções disponíveis e os apresentará à nova era desses softwares modernos de calculadora de impedância de linhas de transmissão de microstrip em smartphones e tablets. Uma pequena amostra de diferentes softwares modernos de calculadora de impedância de linhas de transmissão de microfita também é abordada aqui. Eles podem ser necessários posteriormente durante seu curso, carreira e pesquisa. Ele também pode servir como um estudo preliminar para o aprendizado de softwares mais avançados/licenciados, como softwares modernos de calculadora de impedância de linhas de transmissão de microfita . Os resultados deverão ser demonstrados ao docente, antes da submissão. A submissão pode ser feita em cópia impressa ou eletrônica on-line. Siga as instruções subsequentes, incluindo os prazos relevantes, conforme indicado pelo docente. Os resultados esperados incluem um relatório docx /pdf, em bom formato, contendo o seguinte:

i. Uma folha de resumo da tarefa devidamente elaborada e preenchida.

ii. Os detalhes do computador/laptop no qual os softwares modernos de calculadora de impedância de linhas de transmissão de microfita serão instalados ou as versões do software on-line serão acessadas.

iii. softwares modernos de calculadora de impedância de linhas de transmissão de microfita gratuitos baixados e seus detalhes, incluindo detalhes de instalação.

iv. Relatório de execução dos softwares modernos gratuitos de calculadora de impedância de linhas de transmissão de microstrip , com cenários de demonstração de entrada fornecida e saída alcançada, possíveis detalhes sobre o nível de sucesso alcançado, etc. no software de calculadora de impedância de linhas de transmissão de microstrip .

v. Uma análise sucessiva dos diferentes softwares modernos de calculadora de impedância de linhas de transmissão de microfita e qual você considera o melhor software gratuito para laptop/computador.

vi. Os detalhes do smartphone/tablet sobre o qual serão instalados os softwares modernos de calculadora de impedância de linhas de transmissão de microfita .

vii. Relatório de execução de tais softwares modernos de calculadora de impedância de linhas de transmissão de microstrip em smartphones/tablets, com cenários de demonstração de entrada fornecida e saída alcançada, possíveis detalhes sobre o nível de sucesso alcançado, etc. em cada um dos softwares modernos de calculadora de impedância de linhas de transmissão de microstrip .

viii. Uma análise sucessiva dos diferentes softwares modernos de calculadora de impedância de linhas de transmissão de microfita e qual você considera o melhor suporte para smartphones/tablets.

ix. Um capítulo de conclusões abrangente.

x. Referências em questão.

xi. Seção "Apêndice" que possui basicamente 3 partes: a primeira parte trata da alocação de tarefas no grupo, a segunda parte da atribuição de agendamento de tarefas e a terceira parte trata das notas de supervisão da reunião e das orientações nelas fornecidas.

Seção 3: Calculadoras de conversão.

3.1 Softwares de calculadora de conversão de Ah em kWh .

Recomendação: realizar em grupos de 2 alunos

Tempo prático sugerido – cerca de 6 horas

Você pode consultar os seguintes sites e mais fontes:

https://www.inchcalculator.com/ah-to-kwh-calculator/

https://engineering.icalculator.com/ah-to-kwh-conversion-calculator.html

https://footprinthero.com/amp-hours-to-kilowatt-hours-calculator

https://www.calculatorway.com/ah-to-kwh-calculator/

https://calculatorhub.app/ah-to-kwh/

https://shopsolarkits.com/blogs/learning-center/ah-to-kwh-calculator

https://www.inchcalculator.com/kwh-to-ah-calculator/

https://learnmetrics.com/ah-to-kwh-calculator/

https://www.easycalculation.com/engineering/electrical/ah-to-kwh-calculator.php

https://npplithium.com/ah-to-kwh-calculator/

https://footprinthero.com/kilowatt-hours-to-amp-hours-calculator

https://toponlinetool.com/convert-ah-to-kwh/

https://npplithium.com/kwh-to-ah-calculator/

https://everydaycalculation.com/ah-kilowatt-hour.php

https://learnmetrics.com/kwh-to-ah/

https://bauaelectric.com/calculators/kwh-to-ah-kilowatt-hour-to-amps-hour-calculator/

https://calculatorhub.app/kwh-to-ah/

https://toponlinetool.com/convert-kwh-to-ah/

https://everydaycalculation.com/kwh-ah.php

https://www.rapidtables.com/calc/electric/mah-to-wh-calculator.html

https://www.goalzero.com/pages/wattage-calculator

https://www.rapidtables.com/calc/electric/kW_to_Amp_Calculator.html

https://www.digikey.com/en/resources/conversion-calculators/conversion-calculator-battery-life

https://www.youtube.com/watch?v=fxbo3Ix6q_k

https://www.youtube.com/watch?v=rOHzSy8Lmfc

https://www.youtube.com/watch?v=GweR6HJJqko

Investigue os softwares de calculadora de conversão de Ah em kWh e sua instalação em 5 softwares /aplicativos diferentes , usando uma combinação dos seguintes métodos:

i. Baixe versões gratuitas desses softwares modernos de calculadora de conversão de Ah para kWh e execute-os localmente em seu laptop/computador.

ii. Baixe versões gratuitas desses softwares modernos de calculadora de conversão de Ah para kWh e execute-os localmente em seu smartphone/tablet.

Este exercício treinará os alunos no uso desses softwares modernos de calculadora de conversão de Ah para kWh e suas opções disponíveis e os apresentará à nova era desses softwares modernos de calculadora de conversão de Ah para kWh em smartphones e tablets. Uma pequena amostra de diferentes softwares modernos de calculadora de conversão de Ah em kWh também é abordada aqui. Eles podem ser necessários posteriormente durante seu curso, carreira e pesquisa. Ele também pode servir como um estudo preliminar para o aprendizado de softwares de calculadora de conversão de Ah para kWh mais avançados/licenciados . Os resultados deverão ser demonstrados ao docente, antes da submissão. A submissão pode ser feita em cópia impressa ou eletrônica on-line. Siga as instruções subsequentes, incluindo os prazos relevantes, conforme indicado pelo docente. Os resultados esperados incluem um relatório docx /pdf, em bom formato, contendo o seguinte:

i. Uma folha de resumo da tarefa devidamente elaborada e preenchida.

ii. Os detalhes do computador/laptop no qual os softwares modernos de calculadora de conversão de Ah em kWh serão instalados ou as versões do software on-line serão acessadas.

iii. softwares gratuitos de calculadora de conversão de Ah para kWh modernos baixados e seus detalhes, incluindo detalhes de instalação.

iv. softwares gratuitos de calculadora de conversão de Ah para kWh modernos , com cenários de demonstração de entrada fornecida e saída alcançada, possíveis detalhes sobre o nível de sucesso alcançado, etc. em cada um dos softwares de calculadora de conversão de Ah para kWh modernos baixados .

v. Uma análise sucessiva dos diferentes softwares modernos de calculadora de conversão de Ah em kWh e qual você considera o melhor como software gratuito para laptop/computador.

vi. Os detalhes do smartphone/tablet sobre o qual os softwares modernos de calculadora de conversão de Ah em kWh serão instalados.

vii. Relatório de execução de tais softwares modernos de calculadora de conversão de Ah para kWh em smartphones/tablets, com cenários de demonstração de entrada fornecida e saída alcançada, possíveis detalhes sobre o nível de sucesso alcançado, etc. em cada um dos softwares modernos de calculadora de conversão de Ah para kWh .

viii. Uma análise sucessiva dos diferentes softwares modernos de calculadora de conversão de Ah em kWh e qual você considera o melhor suporte para smartphones/tablets.

ix. Um capítulo de conclusões abrangente.

x. Referências em questão.

xi. Seção "Apêndice" que possui basicamente 3 partes: a primeira parte trata da alocação de tarefas no grupo, a segunda parte da atribuição de agendamento de tarefas e a terceira parte trata das notas de supervisão da reunião e das orientações nelas fornecidas.

3.2 Tarefa 11: Softwares de cálculo de conversão de potência e watts .

Recomendação: realizar em grupos de 2 alunos

Tempo prático sugerido – cerca de 6 horas

Você pode consultar os seguintes sites e mais fontes:

https://www.rapidtables.com/convert/power/hp-to-watt.html

https://www.rapidtables.com/convert/power/watt-to-hp.html

https://www.asutpp.com/hp-to-watt.html

https://www.unitconverters.net/power/hp-to-watts.htm

https://www.kwtohp.net/hp-to-watts-conversion

https://www.inchcalculator.com/convert/horsepower-to-watt/

https://www.asutpp.com/watt-to-hp.html

https://www.calculator.net/horsepower-calculator.html

https://www.omnicalculator.com/physics/watt-converter

https://www.unitconverters.net/power/watt-to-horsepower.htm

https://wpcalc.com/en/horsepower-and-watts-conversion/

https://www.calcgenie.com/energy-converters/horsepower-to-watts

https://convertlive.com/u/convert/watts/to/horsepower

https://atozmath.com/Conversion.aspx?q=CONVERSION&ST=POWER&f=H&t=W

https://www.convertunits.com/from/horsepower+[elétrico]/to/watt

https://control.com/tools/power-unit-conversion-calculator/

https://www.youtube.com/watch?v=SwVEmsCa1GY

https://mhi-inc.com/Converter/watt_calculator.htm

https://calculator.academy/watts-to-horsepower-calculator/

https://www.kwtohp.net/watts-to-hp-conversion

https://www.generatorsource.com/Power_Calculator.aspx

https://infinitylearn.com/surge/convert/hp-to-watt/

https://www.allumiax.com/hp-to-amps-and-amps-to-hp-conversion-calculator

https://my.mouser.com/technical-resources/conversion-calculators/power-conversion-calculator

https://www.electrical4u.net/calculator/watt-to-hp-conversion-calculator/

https://www.convert-measurement-units.com/convert+Brake+horsepower+to+Watt.php

https://www.inchcalculator.com/convert/from-horsepower/

https://www.newark.com/power-conversion-calculator

https://www.appleconverter.com/calculators/convert/power/hp-to-watt.html

https://simplewebtool.com/converters/power/horsepowertowatts/horsepowertowatts.html

https://www.pinterest.com/pin/857724691511129948/?amp_client_id=CLIENT_ID(_)&mwe
b_unauth_id=%7B%7Bdefault.session%7D%7D&simplified=true

https://www.appleconverter.com/calculators/convert/power/watt-to-hp.html

Investigue softwares de calculadora de conversão de potência e watts e sua instalação em 5 softwares /aplicativos diferentes , usando uma combinação dos seguintes métodos:

i.   Baixe versões gratuitas desses softwares modernos de calculadora de conversão de potência e watts e execute-os localmente em seu laptop/computador.

ii.   Baixe versões gratuitas desses softwares modernos de calculadora de conversão de potência e watts e execute-os localmente em seu smartphone/tablet.

Este exercício treinará os alunos no uso de softwares modernos de calculadora de conversão de potência e watts e suas opções disponíveis e os apresentará à nova era desses softwares modernos de calculadora de conversão de potência e watts em smartphones e tablets. Uma pequena amostra de diferentes softwares modernos de calculadora de conversão de potência e watts também é abordada aqui. Eles podem ser necessários posteriormente durante seu curso, carreira e pesquisa. Ele também pode servir como um estudo preliminar para o aprendizado de softwares mais avançados/licenciados, como softwares modernos de calculadora de conversão de potência e watts . Os resultados deverão ser demonstrados ao docente, antes da submissão. A submissão pode ser feita em cópia impressa ou eletrônica on-line. Siga as instruções subsequentes, incluindo os prazos relevantes, conforme indicado pelo docente. Os resultados esperados incluem um relatório docx /pdf, em bom formato, contendo o seguinte:

i.   Uma folha de resumo da tarefa devidamente elaborada e preenchida.

ii. Os detalhes do computador/laptop no qual os softwares modernos de calculadora de potência e conversão de watts serão instalados ou as versões on-line do software serão acessadas.

iii. softwares modernos gratuitos de calculadora de conversão de potência e watts baixados e seus detalhes, incluindo detalhes de instalação.

iv. softwares gratuitos de calculadora de conversão de potência e watts modernos , com cenários de demonstração de entrada fornecida e saída alcançada, possíveis detalhes sobre o nível de sucesso alcançado, etc. em cada um dos softwares de calculadora de conversão de potência e watts modernos baixados .

v. Uma análise sucessiva dos diferentes softwares modernos de calculadora de conversão de potência e watts e qual você considera o melhor como software gratuito para laptop/computador.

vi. Os detalhes do smartphone/tablet sobre o qual os softwares modernos de calculadora de conversão de potência e watts serão instalados.

vii. Relatório de execução de tais softwares modernos de calculadora de conversão de potência e watts em smartphones/tablets, com cenários de demonstração de entrada fornecida e saída alcançada, possíveis detalhes sobre o nível de sucesso alcançado, etc. em cada um dos softwares modernos de calculadora de conversão de potência e watts .

viii. Uma análise sucessiva dos diferentes softwares de calculadora de conversão de potência e watts e qual você considera o melhor suporte para smartphones/tablets.

ix. Um capítulo de conclusões abrangente.

x. Referências em questão.

xi. Seção "Apêndice" que possui basicamente 3 partes: a primeira parte trata da alocação de tarefas no grupo, a segunda parte da atribuição de agendamento de tarefas e a terceira parte trata das notas de supervisão da reunião e das orientações nelas fornecidas.

3.3 Tarefa 12: Número de voltas em softwares de calculadora de bobina de transformador .

Recomendação: realizar em grupos de 2 alunos

Tempo prático sugerido – cerca de 6 horas

Você pode consultar os seguintes sites e mais fontes:
https://engineering.icalculator.com/number-of-turns-in-a-transformer-coil-calculator.html

https://in.element14.com/transformer-turns-calculator

https://www.easycalculation.com/engineering/electrical/turn-number.php

https://www.omnicalculator.com/physics/ideal-transformer

https://eepower.com/technical-articles/calculating-the-turns-ratio-of-a-transformer/

https://app.calctree.com/public/Transformer-Full-Load-Current-and-Turns-Ratio-Calculator--q8NcKCv1pQZgaYRJQnfpKY

https://goodcalculators.com/transformer-calculator/

https://www.jcalc.net/transformer-calculator

https://mechatrofice.com/calculator/transformer

https://www.electricity-magnetism.org/how-do-you-calculate-the-turns-ratio-in-a-transformer/

https://www.nagwa.com/en/videos/602163678675/

https://www.calculatoratoz.com/en/number-of-turns-in-primary-winding-calculator/Calc-1985

https://calculator-online.net/transformer-calculator/

https://www.electricalclassroom.com/transformer-ratio-calculator-online/

https://play.google.com/store/apps/details?id=ru.avglab.transcalc&hl=en&gl=US

https://physicscalc.com/physics/Ideal-Transformer-calculator/

https://www.ee-diary.com/p/transformer-calculator-online.html

https://www.avnet.com/wps/portal/us/solutions/product-and-solutions-design/design-hub/calculators/transformer-turns-calculator/

https://www.electricalvolt.com/transformer-voltage-ratio-calculation/

http://www.darvill.clara.net/multichoice/transform.htm

Investigue o número de voltas em softwares de calculadora de bobina de transformador e sua instalação em 5 softwares /aplicativos diferentes , usando uma combinação dos seguintes métodos:

i.   Baixe versões gratuitas desses softwares modernos de calculadora de número de voltas em uma bobina de transformador e execute-os localmente em seu laptop/computador.

ii.   Baixe versões gratuitas desses softwares modernos de calculadora de número de voltas em uma bobina de transformador e execute-os localmente em seu smartphone/tablet.

Este exercício treinará os alunos no uso desses softwares modernos de número de voltas em uma calculadora de bobina de transformador e suas opções disponíveis e os apresentará à nova era desses softwares modernos de número de voltas em uma calculadora de bobina de transformador em smartphones e tablets. Uma pequena amostra de diferentes softwares modernos de calculadora de número de voltas em uma bobina de transformador também é abordada aqui. Eles podem ser necessários posteriormente durante seu curso, carreira e pesquisa. Ele também pode servir como um estudo preliminar para o aprendizado de softwares mais avançados/licenciados, como softwares modernos de calculadora de número de voltas em uma bobina de transformador . Os resultados deverão ser demonstrados ao docente, antes da submissão. A submissão pode ser feita em cópia impressa ou eletrônica on-line. Siga as instruções subsequentes, incluindo os prazos relevantes, conforme indicado pelo docente. Os resultados esperados incluem um relatório docx /pdf, em bom formato, contendo o seguinte:

i. Uma folha de resumo da tarefa devidamente elaborada e preenchida.

ii. Os detalhes do computador/laptop no qual o software moderno de calculadora do número de voltas em uma bobina de transformador será instalado ou as versões do software on-line serão acessadas.

iii. O número moderno de voltas gratuito em um software de calculadora de bobina de transformador baixado e seus detalhes, incluindo detalhes de instalação.

iv. softwares gratuitos de calculadora de número moderno de voltas em uma bobina de transformador , com cenários de demonstração de entrada fornecida e saída alcançada, possíveis detalhes sobre o nível de sucesso alcançado, etc. em cada um dos downloads de tal número moderno de voltas em uma bobina de transformador Softwares de calculadora .

v. Uma análise sucessiva dos diferentes softwares modernos de número de voltas em uma calculadora de bobina de transformador e qual você considera o melhor software gratuito para laptop / computador.

vi. Os detalhes do smartphone/tablet sobre o qual será instalado o software moderno de calculadora do número de voltas em uma bobina de transformador.

vii. softwares de calculadora de número moderno de voltas em uma bobina de transformador em smartphones/tablets, com cenários de demonstração de entrada fornecida e saída alcançada, possíveis detalhes sobre o nível de sucesso alcançado, etc. em cada um dos números modernos de voltas em um Softwares para calculadora de bobinas de transformadores .

viii. Uma análise sucessiva dos diferentes softwares modernos de número de voltas em uma calculadora de bobina de transformador e qual você considera o melhor suporte para smartphones/tablets.

ix. Um capítulo de conclusões abrangente.

x. Referências em questão.

xi. Seção "Apêndice" que possui basicamente 3 partes: a primeira parte trata da alocação de tarefas no grupo, a segunda parte da atribuição de agendamento de tarefas e a terceira parte trata das notas de supervisão da reunião e das orientações nelas fornecidas.

Seção 4: Calculadoras de Energia.

4.1 Softwares de calculadora de wattímetro trifásico .

Recomendação: realizar em grupos de 2 alunos

Tempo prático sugerido – cerca de 6 horas

Você pode consultar os seguintes sites e mais fontes:

https://engineering.icalculator.com/3-phase-wattmeter-calculator.html

https://www.calctown.com/calculators/três-fase-power-using-one-watt-meter

https://www.calculatoratoz.com/en/potência total para calculadora de wattímetro trifásico/Calc-7711

https://www.calctown.com/calculators/três-fase-power-using-três-watt-metros

https://www.jcalc.net/calculadora-de-energia trifásica

https://www.easycalculation.com/engineering/electrical/3-phase-power-two-wattmeter.php

https://wpcalc.com/en/método-de-potência-trifásica-por-dois-watt-metros/

https://www.calculators.live/três-fase-power-two-wattmeter

https://pdhonline.com/courses/e344/e344content.pdf

https://www.scribd.com/doc/147286131/To-Calculate-3-Phase-kWh-From-Measuring-Amps-on-Each-Phase

https://www.teledynelecroy.com/doc/two-wattmeter-method-três-fase-power-calculations-with-accurate-line-line-to-line-neutral-conversion

https://www.calculatoratoz.com/en/wattmeter-reading-calculator/Calc-22823

https://www.ecmweb.com/basics/article/20897069/calculating-single-and-3-phase-parameters

https://eguruchela.com/physics/calculator/calculator_for_três_fase_power.php

https://www.mathworks.com/help/sps/ref/powermeasurementthreephase.html

https://electronics.stackexchange.com/questions/655725/how-to-calculate-power-of-three-phase-equipment-when-only-measuring-amperage-of

https://community.victronenergy.com/questions/101455/power-to-grid-calculation-3-phase-system.html

https://myelectrical.com/tools/três-fase-calculator

https://testbook.com/question-answer/in-3-phase-power-measurement-by-two-wattmete--5fe98f6cafa32591899708fa

https://forum.allaboutcircuits.com/threads/power-calculations-in-an-unbalanced-3-phase-circuit.8375/

https://www.solarsquare.in/blog/3-phase-motor-amps-calculation/

https://eepower.com/technical-articles/determining-power-factor-using-the-two-wattmeter-method/

https://www.answers.com/electrical-engineering/How_do_you_calculate_watt_meter_constant
https://stackoverflow.com/questions/41823903/how-to-calculate-3-phase-voltage-current-from-power-va
https://www.aliexpress.com/w/wholesale-3-phase-kva-calculator.html
https://www.yokogawa.com/in/library/resources/media-publications/how-to-measure-electrical-power/
https://www.newtons4th.com/media/docs/D000309-APP014-3-Phase-2-Wattmeter-Explained.pdf
https://calculator.academy/três-fase-power-calculator/

os softwares de calculadora de wattímetro trifásico e sua instalação em 5 softwares /aplicativos diferentes , usando uma combinação dos seguintes métodos:

i. softwares modernos de calculadora de wattímetro trifásico e execute-os localmente em seu laptop/computador.

ii. softwares modernos de calculadora de wattímetro trifásico e execute-os localmente em seu smartphone/tablet.

Este exercício treinará os alunos no uso desses softwares modernos de calculadora de wattímetro trifásico e suas opções disponíveis e os apresentará à nova era desses softwares modernos de calculadora de wattímetro trifásico em smartphones e tablets. Uma pequena amostra de diferentes softwares modernos de calculadora de wattímetro trifásico também é abordada aqui. Eles podem ser necessários posteriormente durante seu curso, carreira e pesquisa. Ele também pode servir como um estudo preliminar para o aprendizado de softwares modernos de calculadora de wattímetro trifásico mais avançados/licenciados . Os resultados deverão ser demonstrados ao docente, antes da submissão. A submissão pode ser feita em cópia impressa ou eletrônica on-line. Siga as instruções subsequentes, incluindo os prazos relevantes, conforme indicado pelo docente. Os resultados esperados incluem um relatório docx /pdf, em bom formato, contendo o seguinte:

i. Uma folha de resumo da tarefa devidamente elaborada e preenchida.

ii. softwares modernos de calculadora de wattímetro trifásico serão instalados ou as versões do software on-line serão acessadas.

iii. softwares modernos gratuitos de calculadora de wattímetro trifásico baixados e seus detalhes, incluindo detalhes de instalação.

iv. softwares modernos gratuitos de calculadora de wattímetro trifásico , com cenários de demonstração de entrada fornecida e saída alcançada, possíveis detalhes sobre o nível de sucesso alcançado, etc. em cada um dos softwares modernos de calculadora de wattímetro trifásico baixados .

v. softwares modernos de calculadora de wattímetro trifásico e qual você considera o melhor software gratuito para laptop/computador.

vi. softwares modernos de calculadora de wattímetro trifásico serão instalados.

vii. softwares modernos de calculadora de wattímetro trifásico em smartphones/tablets, com cenários de demonstração de entrada fornecida e saída alcançada, possíveis detalhes sobre o nível de sucesso alcançado, etc. em cada um dos softwares modernos de calculadora de wattímetro trifásico .

viii. Uma análise sucessiva dos diferentes softwares modernos de calculadora de wattímetro trifásico e qual você considera o melhor suporte para smartphones/tablets.

ix. Um capítulo de conclusões abrangente.

x. Referências em questão.

xi. Seção "Apêndice" que possui basicamente 3 partes: a primeira parte trata da alocação de tarefas no grupo, a segunda parte da atribuição de agendamento de tarefas e a terceira parte trata das notas de supervisão da reunião e das orientações nelas fornecidas.

4.2 Softwares de Calculadora de Energia de Capacitor (E) e Constante de Tempo RC .

Recomendação: realizar em grupos de 2 alunos

Tempo prático sugerido – cerca de 6 horas

Você pode consultar os seguintes sites e mais fontes:

https://www.digikey.com/en/resources/conversion-calculators/conversion-calculator-time-constant
https://www.allaboutcircuits.com/tools/resistor-capacitor-time-constant-calculator/
https://circuitdigest.com/calculators/time-constant-calculator
https://www.utmel.com/tools/capacitor-energy-and-time-constant-calculator?id=37
https://www.allaboutcircuits.com/tools/capacitor-Charge-and-time-constant-calculator/
https://zalophusdokdo.github.io/ConversionCalculators/en/conversion-calculator-time-constant.html
https://www.utmel.com/tools/time-constant-calculator?id=18
https://www.translatorscafe.com/unit-converter/en-US/calculator/rc-circuit/
https://www.calctown.com/calculators/capacitor-energy-(e)-and-rc-time-constant
https://www.omnicalculator.com/physics/rc-circuit
https://www.easycalculation.com/engineering/electrical/capacitor-energy-rc-time-constant.php

https://www.daycounter.com/Calculators/Capacitor-Energy-Time-Constant-Calculator.phtml

https://it.farnell.com/calcolatore-carica-condensatore

https://engineering.icalculator.com/capacitor-energy-and-rc-time-constant-calculator.html

https://eu.mouser.com/technical-resources/conversion-calculators/time-constant-calculator

https://www.calculators.live/capacitor-energy-rc-time-constant

https://www.azcalculator.com/calc/capacitor-rc-time-constant-.php

https://www.linquip.com/blog/rc-time-constant-calculator/

https://ladyada.net/library/rccalc.html

https://www.omnicalculator.com/physics/capacitor-charge-time

https://www.translatorscafe.com/unit-converter/pt-PT/calculator/rc-circuit/?V=10&Vu=V&R=2&Ru=kiloohm&C=5&Cu=uF

https://www.electronics-tutorials.ws/rc/time-constant.html

http://mustcalculate.com/electronics/rctimeconstant.php?c=47u&r=22

https://www.pinterest.com/pin/e-and-rc-calculator-calculating-energy-and-time-constant--480688960236306841/

https://study.com/skill/learn/how-to-calculate-the-time-constant-for-an-rc-circuit-explanation.html

https://www.azcalculator.com/calc/capacitor-energy-(e)-and-rc-time-constant.php

https://www.youtube.com/watch?v=FDmHVRC6pQk

https://www.electronics-tutorials.ws/rc/rc_1.html

https://www.translatorscafe.com/unit-converter/en-US/calculator/rc-circuit/?V=10&Vu=V&R=2&Ru=kiloohm&C=5&Cu=uF

https://eepower.com/technical-articles/understanding-rc-circuit-operation-and-time-constant/

https://www.electro-tech-online.com/threads/0-693-rc-time-constant.34649/

https://www.calculatorschool.com/Electric/CapacitorEnergy.aspx

https://turn2engineering.com/rc-circuit-calculator

https://www.redcrab-software.com/en/Calculator/Electrics/C-Discharge-State

https://electronicsreference.com/calculators/capacitor_charge_calculator/

https://taskvio.com/physics/electromagnetismo/rc-time-constant/

https:// saving.em.keysight.com/en/knowledge/formulas/time-constant-formula

https://www.youtube.com/watch?v=3ZmScNqvGus

https://courses.lumenlearning.com/suny-physics/chapter/19-7-energy-stored-in-capacitors/

https://www.digikey.com/en/resources/conversion-calculators/conversion-calculator-low-pass-and-high-pass-filter

https://www.redcrab-software.com/en/Calculator/Electrics/C-Charge-State

https://calculator.academy/rc-time-constant-calculator/

Investigue os softwares Capacitor Energy (E) e RC Time Constant Calculator e sua instalação em 5 softwares /aplicativos diferentes , usando uma combinação dos seguintes métodos:

i. Baixe versões gratuitas desses softwares Modern Capacitor Energy (E) e RC Time Constant Calculator e execute-os localmente em seu laptop/computador.

ii. Baixe versões gratuitas desses softwares Modern Capacitor Energy (E) e RC Time Constant Calculator e execute-os localmente em seu smartphone/tablet.

Este exercício treinará os alunos no uso de softwares modernos de energia de capacitor (E) e calculadora de constante de tempo RC e suas opções disponíveis e os apresentará à nova era desses softwares modernos de energia de capacitor (E) e calculadora de constante de tempo RC em smartphones e comprimidos. Uma pequena amostra de diferentes softwares Modern Capacitor Energy (E) e RC Time Constant Calculator também é abordada aqui. Eles podem ser necessários posteriormente durante seu curso, carreira e pesquisa. Também pode servir como um estudo preliminar para o aprendizado de softwares mais avançados/licenciados, como Modern Capacitor Energy (E) e RC Time Constant Calculator Softwares . Os resultados deverão ser demonstrados ao docente, antes da submissão. A submissão pode ser feita em cópia impressa ou eletrônica on-line. Siga as instruções subsequentes, incluindo os prazos relevantes, conforme indicado pelo docente. Os resultados esperados incluem um relatório docx /pdf, em bom formato, contendo o seguinte:

i. Uma folha de resumo da tarefa devidamente elaborada e preenchida.

ii. Os detalhes do computador/laptop no qual os softwares Modern Capacitor Energy (E) e RC Time Constant Calculator serão instalados ou as versões on-line do software serão acessadas.

iii. softwares gratuitos Modern Capacitor Energy (E) e RC Time Constant Calculator baixados e seus detalhes, incluindo detalhes de instalação.

iv. Relatório de execução dos softwares gratuitos Capacitor Energy (E) e RC Time Constant Calculator , com cenários de demonstração de entrada fornecida e saída alcançada, possíveis detalhes sobre o nível de sucesso alcançado etc. Softwares de calculadora de constante de tempo RC .

v. Uma análise sucessiva dos diferentes softwares Modern Capacitor Energy (E) e RC Time Constant Calculator e qual você considera o melhor como o software gratuito para laptop/computador.

vi. Os detalhes do smartphone/tablet sobre o qual serão instalados os softwares Modern Capacitor Energy (E) e RC Time Constant Calculator.

vii.   softwares modernos de energia de capacitor (E) e calculadora de constante de tempo RC em smartphones/tablets, com cenários de demonstração de entrada fornecida e saída alcançada, possíveis detalhes sobre o nível de sucesso alcançado, etc.) e softwares de calculadora de constante de tempo RC .

viii.   Uma análise sucessiva dos diferentes softwares Modern Capacitor Energy (E) e RC Time Constant Calculator e qual você considera o melhor suporte para smartphones/tablets.

ix.   Um capítulo de conclusões abrangente.

x.   Referências em questão.

xi.   Seção "Apêndice" que possui basicamente 3 partes: a primeira parte trata da alocação de tarefas no grupo, a segunda parte da atribuição de agendamento de tarefas e a terceira parte trata das notas de supervisão da reunião e das orientações nelas fornecidas.

4.3 Tarefa 15: Softwares de cálculo de perda de cobre .

Recomendação: realizar em grupos de 2 alunos

Tempo prático sugerido – cerca de 6 horas

Você pode consultar os seguintes sites e mais fontes:

https://engineering.icalculator.com/copper-loss-calculator.html
https://www.electrical4u.net/calculator/copper-loss-calculation-calculator-for-single-phase-three-phase-transformer/
https://www.easycalculation.com/engineering/electrical/copper-loss.php
https://stardeltapower.co.uk/tools/transformer_losses
https://www.azcalculator.com/calc/copper-loss.php
https://www.calculator.net/voltage-drop-calculator.html
https://dipslab.com/total-copper-losses-of-transformer/
https://www.easycalculation.com/formulas/copper-loss-formula.html
https://www.calculatoratoz.com/en/rotor-copper-loss-given-input-rotor-power-calculator/Calc-1153
https://ieeexplore.ieee.org/abstract/document/8090710
https://www.southwire.com/calculator-vdrop
https://www.electricalvolt.com/cable-power-loss-calculator-formula-calculation/
https://electrical-engineering-portal.com/download-center/electrical-software/transformer-losses-calculation

https://en.trainor.no/services/voltage-drop-calculator

https://www.jstage.jst.go.jp/article/ieejjia/6/6/6_395/_pdf

https://www.physicsforums.com/threads/transformer-copper-loss-calculation.328527/

https://www.scotech-electrical.com/info/how-to-calculate-the-power-loss-of-transformer-65160508.html

https://www.calculatoratoz.com/en/armature-copper-loss-calculator/Calc-1357

https://www.electricalvolt.com/copper-loss-in-transformer/

https://electrical4u.net/transformer/transformer-loss-calculator-constant-variable-loss-calculation/

https://pubs.aip.org/aip/adv/article/6/5/055927/1001218/Calculation-of-core-loss-and-copper-loss-in

https://www.youtube.com/watch?v=3IUwiyk32OQ

https://www.scotech-electrical.com/info/calculation-of-no-load-loss-load-loss-and-imp-77364868.html

https://www.wazipoint.com/2023/02/the-efficiency-of-transformer.html

https://copyprogramming.com/t/calculating-copper-losses-of-transformer-given-iron-loss

https://forum.ansys.com/forums/topic/how-does-loss-for-copper-winding-is-calculated-from-maxwell-for-input-inside-ansys-fluent/

https://energoprom.net.ua/en/calc-cabel/calc-poteri/

Investigue os softwares de calculadora de perda de cobre e sua instalação em 5 softwares /aplicativos diferentes , usando uma combinação dos seguintes métodos:

i. Baixe versões gratuitas desses softwares modernos de calculadora de perda de cobre e execute-os localmente em seu laptop/computador.

ii. Baixe versões gratuitas desses softwares modernos de calculadora de perda de cobre e execute-os localmente em seu smartphone/tablet.

Este exercício treinará os alunos no uso desses softwares modernos de calculadora de perda de cobre e suas opções disponíveis e os apresentará à nova era desses softwares modernos de calculadora de perda de cobre em smartphones e tablets. Uma pequena amostra de diferentes softwares modernos de calculadora de perda de cobre também é abordada aqui. Eles podem ser necessários posteriormente durante seu curso, carreira e pesquisa. Ele também pode servir como um estudo preliminar para o aprendizado de softwares mais avançados/licenciados, como softwares modernos de calculadora de perda de cobre . Os resultados deverão ser demonstrados ao docente, antes da submissão. A submissão pode ser feita em cópia impressa ou eletrônica on-line. Siga as instruções subsequentes, incluindo os prazos relevantes, conforme indicado pelo docente. Os resultados esperados incluem um relatório docx /pdf, em bom formato, contendo o seguinte:

i. Uma folha de resumo da tarefa devidamente elaborada e preenchida.

ii. os detalhes do computador/laptop no qual os softwares Calculadora de Perda de Cobre serão instalados ou as versões on-line do software.

iii. softwares modernos de calculadora de perda de cobre baixados gratuitamente e seus detalhes, incluindo detalhes de instalação.

iv. Relatório de execução dos Softwares Modernos de Calculadora de Perda de Cobre gratuitos , com cenários de demonstração de entrada fornecida e saída alcançada, possíveis detalhes sobre o nível de sucesso alcançado, etc. em cada Software de Calculadora de Perda de Cobre.

v. Uma análise sucessiva dos diferentes softwares modernos de calculadora de perda de cobre e qual você considera o melhor software gratuito para laptop/computador.

vi. Os detalhes do smartphone/tablet sobre o qual os softwares Modern Copper Loss Calculator serão instalados.

vii. Relatório de execução de tais softwares modernos de calculadora de perda de cobre em smartphones/tablets, com cenários de demonstração de entrada fornecida e saída alcançada, possíveis detalhes sobre o nível de sucesso alcançado, etc. em cada um dos softwares modernos de calculadora de perda de cobre .

viii. Uma análise sucessiva dos diferentes softwares modernos de calculadora de perda de cobre e qual você considera o melhor suporte para smartphones/tablets.

ix. Um capítulo de conclusões abrangente.

x. Referências em questão.

xi. Seção "Apêndice" que possui basicamente 3 partes: a primeira parte trata da alocação de tarefas no grupo, a segunda parte da atribuição de agendamento de tarefas e a terceira parte trata das notas de supervisão da reunião e das orientações nelas fornecidas.

4.4 Tarefa 16: Softwares de calculadora de potência CC .

Recomendação: realizar em grupos de 2 alunos

Tempo prático sugerido – cerca de 6 horas

Você pode consultar os seguintes sites e mais fontes:

https://eepower.com/tools/dc-circuit-power-calculator/
https://www.rapidtables.com/calc/electric/power-calculator.html
https://www.sensorsone.com/dc-voltage-and-current-to-power-calculator/
https://www.everythingpe.com/calculators/dc-power-calculator

https://www.translatorscafe.com/unit-converter/en-US/calculator/dc-power/

https://calculator.academy/dc-power-calculator/

https://app.calctree.com/public/DC-Power-Circuit-Calculator-rgT1yS6pBSJwgXqVncw3UJ

https://www.sensorsone.com/dc-power-and-voltage-to-current-calculator/

https://www.rapidtables.com/calc/electric/Watt_to_Amp_Calculator.html

https://eepower.com/tools/dc-dc-circuit-calculator/

https://www.fabhabs.com/dc-cable-sizing-calculator

https://tools.belden.com/dc-max-reach-calculator/

https://electcommunity.com/electrical-power-calculator/

https://www.electricalsafetyfirst.org.uk/watts-to-amps-calculator/

https://www.meracalculator.com/physics/electromagnetismo/ac-to-dc-converter.php

https://www.omnicalculator.com/physics/dc-wire-size

https://blackhawksupply.com/pages/single-and-two-phase-ac-power-calculator-amps-to-kilowatts

https://www.everythingpe.com/calculators/energy-consumption-calculator

https://getcalc.com/electrical-dc-power-calculator.htm

https://manganpower.com/dc-voltage-drop-calculator/

https://engineerfix.com/calculators/power-calculator-how-to-calculate-wattage-watts-or-w/

https://play.google.com/store/apps/details?id=com.markmichaelwest.dcpowercalculator

https://calculator.academy/dc-to-ac-ratio-calculator/

https://www.multisim.com/content/CP4PEuky9uU9zQf5j4vUBe/lab-61-dc-power-calculator/

https://shopsolarkits.com/blogs/learning-center/dc-watts-to-ac-watts-conversion-calculator

https://electronicsreference.com/calculators/dc_power_calculator/

https://recom-power.com/en/support/tools/isolation-calculator/isolation-calculator.html?0

https://apkcombo.com/dc-power-calculator/com.markmichaelwest.dcpowercalculator/

https://ncalculators.com/electrical/dc-motor-armature-mechanical-power-calculator.htm

https://www.allmath.com/ac-to-dc-converter.php

https://www.electricaltechnology.org/2020/12/watts-to-amps-calculator.html

https://byjus.com/ac-to-dc-converter-calculator/

https://www.electronicproducts.com/tools/dc-dc-circuit

Investigue os softwares DC Power Calculator e sua instalação em 5 softwares /aplicativos diferentes , usando uma combinação dos seguintes métodos:

    i.   Baixe versões gratuitas desses softwares modernos de calculadora de energia DC e execute-os localmente em seu laptop/computador.

ii.   Baixe versões gratuitas desses softwares modernos de calculadora de energia DC e execute-os localmente em seu smartphone/tablet.

Este exercício treinará os alunos no uso de softwares modernos de calculadora de energia DC e suas opções disponíveis e os apresentará à nova era desses softwares modernos de calculadora de energia DC em smartphones e tablets. Uma pequena amostra de diferentes softwares modernos de calculadora de energia DC também é abordada aqui. Eles podem ser necessários posteriormente durante seu curso, carreira e pesquisa. Ele também pode servir como um estudo preliminar para o aprendizado de softwares modernos de calculadora de energia DC mais avançados/licenciados . Os resultados deverão ser demonstrados ao docente, antes da submissão. A submissão pode ser feita em cópia impressa ou eletrônica on-line. Siga as instruções subsequentes, incluindo os prazos relevantes, conforme indicado pelo docente. Os resultados esperados incluem um relatório docx /pdf, em bom formato, contendo o seguinte:

i.   Uma folha de resumo da tarefa devidamente elaborada e preenchida.

ii.   Os detalhes do computador/laptop no qual os softwares da calculadora de energia DC serão instalados ou as versões on-line do software serão acessadas.

iii.   softwares modernos de calculadora de energia DC gratuitos baixados e seus detalhes, incluindo detalhes de instalação.

iv.   softwares modernos de calculadora de energia DC gratuitos , com cenários de demonstração de entrada fornecida e saída alcançada, possíveis detalhes sobre o nível de sucesso alcançado, etc. em cada um dos softwares modernos de calculadora de energia DC baixados .

v.   Uma análise sucessiva dos diferentes softwares modernos de calculadora de energia DC e qual você considera o melhor software gratuito para laptop/computador.

vi.   Os detalhes do smartphone/tablet sobre o qual os softwares modernos de calculadora de energia DC serão instalados.

vii.   Relatório de execução de tais softwares modernos de calculadora de energia DC em smartphones/tablets, com cenários de demonstração de entrada fornecida e saída alcançada, possíveis detalhes sobre o nível de sucesso alcançado, etc. em cada um dos softwares modernos de calculadora de energia DC .

viii.   Uma análise sucessiva dos diferentes softwares modernos de calculadora de energia DC e qual você considera o melhor suporte para smartphones/tablets.

ix.   Um capítulo de conclusões abrangente.

x.   Referências em questão.

xi.   Seção "Apêndice" que possui basicamente 3 partes: a primeira parte trata da alocação de tarefas no grupo, a segunda parte da atribuição de agendamento de tarefas e a terceira parte trata das notas de supervisão da reunião e das orientações nelas fornecidas.

4.5 Softwares Calculadores de Energia Potencial Elétrica .

Recomendação: realizar em grupos de 2 alunos

Tempo prático sugerido – cerca de 6 horas

Você pode consultar os seguintes sites e mais fontes:

https://www.omnicalculator.com/physics/electric-potential

https://byjus.com/jee/electric-potential-energy/

https://calculator-online.net/electric-potential-calculator/

https://physics.icalculator.com/electric-potential-energy-calculator.html

https://calculator.swiftutors.com/electric-potential-energy-calculator.html

https://calculator.academy/electrostatic-potential-energy-calculator/

https://www.learningaboutelectronics.com/Articles/Electric-potential-energy-calculator.php

https://x-engineer.org/electric-potential-energy/

https://www.allaboutcircuits.com/tools/electrical-energy-calculator/

https://physics.icalculator.com/electric-potential-and-potential-difference-calculator.html

https://math-physics-calc.com/electric-field-potential-calculator

https://www.calctool.org/electromagnetismo/potencial-elétrico

https://study.com/learn/lesson/electric-potential-energy-formula-examples.html

https://calculator.academy/electric-potential-calculator/

https://math-physics-calc.com/potential-charge-energy-calculator

https://www.youtube.com/watch?v=jYYTp_Fa4Jk

https://openpress.usask.ca/physics155/chapter/3-3-calculations-of-electric-potential/

https://www.easycalculation.com/engineering/electrical/electric-potential-system-calculator.php

https://x-engineer.org/tag/electric-potential-energy-calculator/

https://dipslab.com/electric-potential-calculator/

https://www.calculatorschool.com/physics/PotentialEnergy.aspx

https://pureaqua.com/electric-potential-calculator/

http://hyperphysics.phy-astr.gsu.edu/hbase/electric/elepe.html

https://apps.apple.com/kz/app/potential-energy-calculator/id1399441583

Investigue softwares de calculadora de energia potencial elétrica e sua instalação em 5 softwares /aplicativos diferentes , usando uma combinação dos seguintes métodos:

i. Baixe versões gratuitas desses softwares modernos de calculadora de energia potencial elétrica e execute-os localmente em seu laptop/computador.

ii. Baixe versões gratuitas desses softwares modernos de calculadora de energia potencial elétrica e execute-os localmente em seu smartphone/tablet.

Este exercício treinará os alunos no uso desses softwares modernos de calculadora de energia potencial elétrica e suas opções disponíveis e os apresentará à nova era desses softwares modernos de calculadora de energia potencial elétrica em smartphones e tablets. Uma pequena amostra de diferentes softwares modernos de calculadora de energia potencial elétrica também é abordada aqui. Eles podem ser necessários posteriormente durante seu curso, carreira e pesquisa. Também pode servir como um estudo preliminar para o aprendizado de Softwares Modernos de Calculadora de Energia Potencial Elétrica mais avançados/licenciados . Os resultados deverão ser demonstrados ao docente, antes da submissão. A submissão pode ser feita em cópia impressa ou eletrônica on-line. Siga as instruções subsequentes, incluindo os prazos relevantes, conforme indicado pelo docente. Os resultados esperados incluem um relatório docx /pdf, em bom formato, contendo o seguinte:

i. Uma folha de resumo da tarefa devidamente elaborada e preenchida.

ii. os detalhes do computador/laptop no qual os Softwares Modernos de Calculadora de Energia Potencial Elétrica serão instalados ou as versões on-line do software.

iii. softwares modernos de calculadora de energia potencial elétrica baixados gratuitamente e seus detalhes, incluindo detalhes de instalação.

iv. Relatório de execução dos Softwares Modernos de Calculadora de Energia Potencial Elétrica gratuitos , com cenários de demonstração de entrada fornecida e saída alcançada, possíveis detalhes sobre o nível de sucesso alcançado, etc. em cada um dos Softwares Modernos de Calculadora de Energia Potencial Elétrica baixados

.

v. Uma análise sucessiva dos diferentes softwares modernos de calculadora de energia potencial elétrica e qual você considera o melhor como software gratuito para laptop/computador.

vi. Os detalhes do smartphone/tablet sobre o qual serão instalados os modernos softwares de calculadora de energia potencial elétrica.

vii. Relatório de execução de tais softwares modernos de calculadora de energia potencial elétrica em smartphones/tablets, com cenários de demonstração de entrada fornecida e saída alcançada, possíveis detalhes sobre o nível de sucesso alcançado, etc. em cada um dos softwares modernos de calculadora de energia potencial elétrica .

viii. Uma análise sucessiva dos diferentes Softwares Modernos de Calculadora de Energia Potencial Elétrica e qual você considera o melhor suporte para smartphones/tablets.

ix. Um capítulo de conclusões abrangente.

x. Referências em questão.

xi. Seção "Apêndice" que possui basicamente 3 partes: a primeira parte trata da alocação de tarefas no grupo, a segunda parte da atribuição de agendamento de tarefas e a terceira parte trata das notas de supervisão da reunião e das orientações nelas fornecidas.

4.6 Tarefa 18: Softwares de cálculo de fator de potência elétrica .

Recomendação: realizar em grupos de 2 alunos

Tempo prático sugerido – cerca de 6 horas

Você pode consultar os seguintes sites e mais fontes:

https://www.rapidtables.com/calc/electric/power-factor-calculator.html

https://www.inchcalculator.com/power-factor-calculator/

https://www.omnicalculator.com/physics/power-factor

https:// saving.em.keysight.com/en/calculators/power-factor-calculator

https://www.allumiax.com/power-factor-calculator

https://nepsi.com/resources/calculators/calculation-of-power-factor.htm

https://www.powerfactor.us/calculator.html

https://www.asutpp.com/power-factor-calculator.html

https://voltage-disturbance.com/engineering-calculators/power-factor-calculator/

https://engineering.icalculator.com/electrical-power-factor-calculator.html

https://calculator.academy/power-factor-calculator/

https://www.everythingpe.com/calculators/power-factor-calculator

Investigue softwares de calculadora de fator de potência elétrica e sua instalação em 5 softwares /aplicativos diferentes , usando uma combinação dos seguintes métodos:

i. Baixe versões gratuitas desses softwares modernos de calculadora de fator de potência elétrica e execute-os localmente em seu laptop/computador.

ii.   Baixe versões gratuitas desses softwares modernos de calculadora de fator de potência elétrica e execute-os localmente em seu smartphone/tablet.

Este exercício treinará os alunos no uso desses softwares modernos de calculadora de fator de potência elétrica e suas opções disponíveis e os apresentará à nova era desses softwares modernos de calculadora de fator de potência elétrica em smartphones e tablets. Uma pequena amostra de diferentes softwares modernos de calculadora de fator de potência elétrica também é abordada aqui. Eles podem ser necessários posteriormente durante seu curso, carreira e pesquisa. Ele também pode servir como um estudo preliminar para o aprendizado de softwares modernos de calculadora de fator de potência elétrica mais avançados/licenciados . Os resultados deverão ser demonstrados ao docente, antes da submissão. A submissão pode ser feita em cópia impressa ou eletrônica on-line. Siga as instruções subsequentes, incluindo os prazos relevantes, conforme indicado pelo docente. Os resultados esperados incluem um relatório docx /pdf, em bom formato, contendo o seguinte:

i.   Uma folha de resumo da tarefa devidamente elaborada e preenchida.

ii.   os detalhes do computador/laptop no qual os softwares modernos de calculadora de fator de potência elétrica serão instalados ou as versões on-line do software.

iii.   softwares modernos gratuitos de calculadora de fator de potência elétrica baixados e seus detalhes, incluindo detalhes de instalação.

iv.   softwares modernos gratuitos de calculadora de fator de potência elétrica , com cenários de demonstração de entrada fornecida e saída alcançada, possíveis detalhes sobre o nível de sucesso alcançado, etc. em cada um dos softwares modernos de calculadora de fator de potência elétrica baixados .

v.   Uma análise sucessiva dos diferentes softwares de calculadora de fator de potência elétrica e qual você considera o melhor software gratuito para laptop/computador.

vi.   Os detalhes do smartphone/tablet sobre o qual serão instalados os modernos softwares de calculadora de fator de potência elétrica.

vii.   softwares modernos de calculadora de fator de potência elétrica em smartphones/tablets, com cenários de demonstração de entrada fornecida e saída alcançada, possíveis detalhes sobre o nível de sucesso alcançado, etc. em cada um dos softwares modernos de calculadora de fator de potência elétrica .

viii.   Uma análise sucessiva dos diferentes softwares modernos de calculadora de fator de potência elétrica e qual você considera o melhor suporte para smartphones/tablets.

ix.   Um capítulo de conclusões abrangente.

x. Referências em questão.

xi. Seção "Apêndice" que possui basicamente 3 partes: a primeira parte trata da alocação de tarefas no grupo, a segunda parte da atribuição de agendamento de tarefas e a terceira parte trata das notas de supervisão da reunião e das orientações nelas fornecidas.

4.7 Tarefa 19: Softwares de calculadora de economia de energia com LED .

Recomendação: realizar em grupos de 2 alunos

sugerido – cerca de 6 horas

Você pode consultar os seguintes sites e mais fontes:

https://erglighting.com/energy- saving-calculator/

https://www.trilux.com/en/service/tools/efficiency-calculator/

https://play.google.com/store/apps/details?id=com.ebiz.rn.elscalculator&hl=en&gl=US

https://www.ledlightingsupply.com/roi

https://lumicrest.com/calculator-tools/led- saving-calculator/

https://www.feslighting.com/led-energy- saving-calculator

https://actionservicesgroup.com/blog/calculating-your-lighting-only-energy- saving-in-an-led-retrofit/

https://www.nationalled.com/led-roi-calculator/

https://ocem.com/en/led- saving-calculator/

https://www.tcpi.com/lighting- savings-and-led- savings-calculator-for-energy-efficient-lighting/

https://www.heralighting.com/technical/energy-calculator/

https://www.ledlightexpert.com/How-to-Calculate-Energy-Savings-of-Going-LED--How-Much-Will-You-Save_b_121.html

https://www.ledilluminations.co.uk/cgi-sys/suspendedpage.cgi

https://aaa-lux-lighting.com/calculate- saving/

https://www.futurelight.co.za/pages/calculate-your-led-lighting- saving

https://www.encoreledlighting.com/led-lighting-basics/led-tools/led-conversion-calculator/

https://www.eledlights.com/pages/energy- saving-calculator

https://www.tp24.com/ savings-calculator/

https://www.electricalmarketplace.com/pages/roi-energy-análise

https://appadvice.com/app/led-energy- saving-calculator/1071448877

https://www.lumiterra.ca/led-calculator/

https://www.viewsonic.com/es/products/viewboard/energy- saving-calculator

https://beta.ledvista.ie/index.php?main_page=page&id=76

https://www.signify.com/en-us/support/tools/energy- saving-lighting-payback-calculator

https://luxultra.co.uk/led-energy- saving-calculator/

https://download.cnet.com/lighting-calculator/3000-20432_4-78112722.html

https://www.wilsonnc.org/residents/all-departments/wilson-energy/energy-use-calculators/wilson-energy-led- savings-calculator

https://play.google.com/store/apps/details?id=air.com.lowenergysupermarket.ESCalculator&hl=en&gl=US

https://www.cenhud.com/en/my-energy/save-energy-money/energy-calculators/led-calculator/

https://apkcombo.com/led-energy- saving-calculator/com.indoff.ledesc/

os softwares LED Energy Savings Calculator e sua instalação em 5 softwares /aplicativos diferentes , usando uma combinação dos seguintes métodos:

i. Baixe versões gratuitas desses softwares modernos de calculadora de economia de energia com LED e execute-os localmente em seu laptop/computador.

ii. Baixe versões gratuitas desses softwares modernos de calculadora de economia de energia com LED e execute-os localmente em seu smartphone/tablet.

Este exercício treinará os alunos no uso desses softwares modernos de calculadora de economia de energia com LED e suas opções disponíveis e os apresentará à nova era desses softwares modernos de calculadora de economia de energia com LED em smartphones e tablets. Uma pequena amostra de diferentes softwares modernos de calculadora de economia de energia com LED também é abordada aqui. Eles podem ser necessários posteriormente durante seu curso, carreira e pesquisa. Ele também pode servir como um estudo preliminar para o aprendizado de softwares mais avançados/licenciados, como softwares modernos de calculadora de economia de energia com LED . Os resultados deverão ser demonstrados ao docente, antes da submissão. A submissão pode ser feita em cópia impressa ou eletrônica on-line. Siga as instruções subsequentes, incluindo os prazos relevantes, conforme indicado pelo docente. Os resultados esperados incluem um relatório docx /pdf, em bom formato, contendo o seguinte:

i. Uma folha de resumo da tarefa devidamente elaborada e preenchida.

ii. Serão acessados os detalhes do computador/laptop no qual as Calculadoras de Economia de Energia LED serão instaladas ou as versões do software on-line.

iii. softwares modernos de calculadora de economia de energia com LED gratuitos baixados e seus detalhes, incluindo detalhes de instalação.

iv. softwares modernos de calculadora de economia de energia com LED gratuitos , com cenários de demonstração de entrada fornecida e saída alcançada, possíveis detalhes sobre o nível de sucesso alcançado, etc. em cada um dos softwares modernos de calculadora de economia de energia com LED baixados .

v. Uma análise sucessiva dos diferentes softwares modernos de calculadora de economia de energia com LED e qual você considera o melhor software gratuito para laptop/computador.

vi. Os detalhes do smartphone/tablet sobre o qual serão instalados os softwares modernos de calculadora de economia de energia com LED.

vii. Relatório de execução de tais softwares modernos de calculadora de economia de energia com LED em smartphones/tablets, com cenários de demonstração de entrada fornecida e saída alcançada, possíveis detalhes sobre o nível de sucesso alcançado, etc. em cada um dos softwares modernos de calculadora de economia de energia com LED .

viii. Uma análise sucessiva dos diferentes softwares modernos de calculadora de economia de energia com LED e qual você considera o melhor suporte para smartphones/tablets.

ix. Um capítulo de conclusões abrangente.

x. Referências em questão.

xi. Seção "Apêndice" que possui basicamente 3 partes: a primeira parte trata da alocação de tarefas no grupo, a segunda parte da atribuição de agendamento de tarefas e a terceira parte trata das notas de supervisão da reunião e das orientações nelas fornecidas.

4.8 Tarefa 20: Softwares de cálculo de consumo de energia em mA/h .

Recomendação: realizar em grupos de 2 alunos

Tempo prático sugerido – cerca de 6 horas

Você pode consultar os seguintes sites e mais fontes:

https://engineering.icalculator.com/mah-power-consumption-calculator.html

https://www.goalzero.com/pages/wattage-calculator

https://www.easycalculation.com/engineering/electrical/power-consumption-mah-calculator.php

https://www.rapidtables.com/calc/electric/mah-to-wh-calculator.html

https://www.azcalculator.com/calc/ma/h-power-consumption.php

https://www.rapidtables.com/calc/electric/energy-consumption-calculator.html

https://milliamps-watts.appspot.com/

https://footprinthero.com/milliamp-hours-to-watt-hours-calculator

https://shopsolarkits.com/blogs/learning-center/mah-to-watts-calculator

https://www.asutpp.com/mah-to-wh-calculator.html

https://www.calculator.net/electricity-calculator.html

https://learnmetrics.com/power-consumption-calculator/

https://www.powerbankexpert.com/how-to-convert-mah-to-wh-calculator/

https://www.energybot.com/tools/energy-usage-calculator.html

https://www.appsloveworld.com/mah-to-wh-conversion-calculator

https://footprinthero.com/milliamp-hours-to-kilowatt-hours-calculator

https://calculator.academy/battery-drain-time-calculator/

Investigue softwares de calculadora de consumo de energia em mA/h e sua instalação em 5 softwares /aplicativos diferentes , usando uma combinação dos seguintes métodos:

i. Baixe versões gratuitas desses softwares modernos de calculadora de consumo de energia mA/h e execute-os localmente em seu laptop/computador.

ii. Baixe versões gratuitas desses softwares modernos de calculadora de consumo de energia mA/h e execute-os localmente em seu smartphone/tablet.

Este exercício treinará os alunos no uso desses softwares modernos de calculadora de consumo de energia em mA/h e suas opções disponíveis e os apresentará à nova era desses softwares modernos de calculadora de consumo de energia em mA/h em smartphones e tablets. Uma pequena amostra de diferentes softwares modernos de calculadora de consumo de energia em mA / h também é abordada aqui. Eles podem ser necessários posteriormente durante seu curso, carreira e pesquisa. Ele também pode servir como um estudo preliminar para o aprendizado de softwares modernos de calculadora de consumo de energia mA/h mais avançados/licenciados . Os resultados deverão ser demonstrados ao docente, antes da submissão. A submissão pode ser feita em cópia impressa ou eletrônica on-line. Siga as instruções subsequentes, incluindo os prazos relevantes, conforme indicado pelo docente. Os resultados esperados incluem um relatório docx /pdf, em bom formato, contendo o seguinte:

i. Uma folha de resumo da tarefa devidamente elaborada e preenchida.

ii. Os detalhes do computador/laptop no qual os softwares modernos de calculadora de consumo de energia mA/h serão instalados ou as versões do software on-line serão acessadas.

iii. softwares modernos gratuitos de calculadora de consumo de energia mA / h baixados e seus detalhes, incluindo detalhes de instalação.

iv. softwares modernos de calculadora de consumo de energia mA/h gratuitos , com cenários de demonstração de entrada fornecida e saída alcançada, possíveis detalhes sobre o nível de sucesso alcançado, etc. em cada um dos softwares modernos de calculadora de consumo de energia mA/h baixados .

v.   Uma análise sucessiva dos diferentes softwares de calculadora de consumo de energia mA/h e qual você considera o melhor software gratuito para laptop/computador.

vi.   Os detalhes do smartphone/tablet sobre o qual os softwares modernos de calculadora de consumo de energia mA/h serão instalados.

vii.   Relatório de execução de tais softwares modernos de calculadora de consumo de energia em mA/h em smartphones/tablets, com cenários de demonstração de entrada fornecida e saída alcançada, possíveis detalhes sobre o nível de sucesso alcançado, etc. em cada um dos softwares modernos de calculadora de consumo de energia em mA/h .

viii.   Uma análise sucessiva dos diferentes softwares modernos de calculadora de consumo de energia mA/h e qual você considera o melhor suporte para smartphones/tablets.

ix.   Um capítulo de conclusões abrangente.

x.   Referências em questão.

xi.   Seção "Apêndice" que possui basicamente 3 partes: a primeira parte trata da alocação de tarefas no grupo, a segunda parte da atribuição de agendamento de tarefas e a terceira parte trata das notas de supervisão da reunião e das orientações nelas fornecidas.

Seção 5: Medição de Eletricidade.

5.1 Tarefa 21: Softwares de calculadora de admitância elétrica .

Recomendação: realizar em grupos de 2 alunos

Tempo prático sugerido – cerca de 6 horas

Você pode consultar os seguintes sites e mais fontes:

https://www.calculatorschool.com/Electric/ElectricalAdmittance.aspx

https://www.easycalculation.com/engineering/electrical/electrical-admittance.php

https://engineering.icalculator.com/electrical-admittance-calculator.html

https://calculator.swiftutors.com/admittance-calculator.html

https://calculator.academy/admittance-calculator/

https://www.allaboutcircuits.com/tools/inductance-reactance-and-admittance-calculator/

https://www.everythingrf.com/rf-calculators/cra-calculator

https://www.allaboutcircuits.com/tools/P48/

https://www.fxsolver.com/browse/formulas/Magnitude+of+Admittance+in+electrical+circuit

https://www.everythingrf.com/rf-calculators/inductance-reactance-admittance-calculator

https://www.fxsolver.com/browse/formulas/Admittance+%28

Related+to+resistance+and+reactance%29

https://www.electrical4u.net/calculator/capacitance-reactance-and-admittance-calculator/

https://www.easycalculation.com/engineering/electrical/learn-electrical-admittance.php

https://www.calculatoratoz.com/en/admittance-using-d-parameter-(nominal-pi-method)-calculator/Calc-22211

https://www.microwaves101.com/encyclopedias/reactance-and-admittance-calculator

https://www.easybom.com/conversion-tools/reactance-calculator

https://www.electricaltechnology.org/2012/04/what-is-admittance-and-how-is-calculate.html

https://pinterest.com/pin/electrical-admittance-calculator--833165999812034626/

https://www.calculatorschool.com/electric/electric.aspx

https://www.calculatoratoz.com/en/admittance-using-characteristic-impedance-(ltl)-calculator/Calc-20850

https://www.translatorscafe.com/unit-converter/de-DE/calculator/parallel-rlc-impedance/

Investigue os softwares de calculadora de admitância elétrica e sua instalação em 5 softwares /aplicativos diferentes , usando uma combinação dos seguintes métodos:

i.   Baixe versões gratuitas desses softwares modernos de calculadora de admissão elétrica e execute-os localmente em seu laptop/computador.

ii.   Baixe versões gratuitas desses softwares modernos de calculadora de admissão elétrica e execute-os localmente em seu smartphone/tablet.

Este exercício treinará os alunos no uso de softwares modernos de calculadora de admitância elétrica e suas opções disponíveis e os apresentará à nova era desses softwares modernos de calculadora de admitância elétrica em smartphones e tablets. Uma pequena amostra de diferentes softwares modernos de calculadora de admitância elétrica também é abordada aqui. Eles podem ser necessários posteriormente durante seu curso, carreira e pesquisa. Ele também pode servir como um estudo preliminar para o aprendizado de softwares mais avançados/licenciados, como softwares modernos de calculadora de admissão elétrica . Os resultados deverão ser demonstrados ao docente, antes da submissão. A submissão pode ser feita em cópia impressa ou eletrônica on-line. Siga as instruções subsequentes, incluindo os prazos relevantes, conforme indicado pelo docente. Os resultados esperados incluem um relatório docx /pdf, em bom formato, contendo o seguinte:

i.   Uma folha de resumo da tarefa devidamente elaborada e preenchida.

ii.   Os detalhes do computador/laptop no qual os Softwares Modernos de Calculadora de Admitância Elétrica serão instalados ou as versões do software on-line serão acessadas.

iii. softwares gratuitos de calculadora de admissão elétrica moderna baixados e seus detalhes, incluindo detalhes de instalação.

iv.   softwares gratuitos de calculadora de admissão elétrica moderna , com cenários de demonstração de entrada fornecida e saída alcançada, possíveis detalhes sobre o nível de sucesso alcançado, etc. em cada um dos softwares de calculadora de admissão elétrica moderna baixados .

v.   Uma análise sucessiva dos diferentes softwares de calculadora de admissão elétrica e qual você considera o melhor como software gratuito para laptop/computador.

vi.   Os detalhes do smartphone/tablet sobre o qual serão instalados os modernos softwares de calculadora de admitância elétrica.

vii. Relatório de execução de tais softwares modernos de calculadora de admitância elétrica em smartphones/tablets, com cenários de demonstração de entrada fornecida e saída alcançada, possíveis detalhes sobre o nível de sucesso alcançado, etc. em cada um dos softwares modernos de calculadora de admitância elétrica .

viii. Uma análise sucessiva dos diferentes softwares modernos de calculadora de admitância elétrica e qual você considera o melhor suporte para smartphones/tablets.

ix. Um capítulo de conclusões abrangente.

x. Referências em questão.

xi. Seção "Apêndice" que possui basicamente 3 partes: a primeira parte trata da alocação de tarefas no grupo, a segunda parte da atribuição de agendamento de tarefas e a terceira parte trata das notas de supervisão da reunião e das orientações nelas fornecidas.

5.2 Tarefa 22: Softwares de calculadora de resistores da série LED .

Recomendação: realizar em grupos de 2 alunos

Tempo prático sugerido – cerca de 6 horas

Você pode consultar os seguintes sites e mais fontes:

https://www.digikey.com/en/resources/conversion-calculators/conversion-calculator-led-series-resistor

https://www.hobby-hour.com/electronics/ledcalc.php

https://www.allaboutcircuits.com/tools/led-resistor-calculator/

https://www.amplifiedparts.com/tech-articles/led-parallel-series-calculator

https://www.hebeiltd.com.cn/?p=zz.led.resistor.calculadora

https://ledcalculator.net/

https://last Minuteengineers.com/led-series-resistor-calculator/

https://ohmslawcalculator.com/led-resistor-calculator

https://eu.mouser.com/technical-resources/conversion-calculators/led-series-resistor-calculator

https://www.utmel.com/tools/led-series-resistor-calculator?id=11

https://www.make-it.ca/led-dropping-resistor-calculator/

https://www.circuits.dk/led-resistor-calculator/

https://fr.farnell.com/en-FR/calculatrice-resistance-serie-led

https://www.electronicsforu.com/special/led-series-resistor-calculator

https://www.everythingpe.com/calculators/led-series-resistor-calculator

https://play.google.com/store/apps/details?id=com.crydata.ledcalculator&hl=en&gl=US

https://hk.element14.com/led-series-resistor-calculator

https://www.electronics2000.co.uk/calc/led-series-resistor-calculator.php

https://kitronik.co.uk/blogs/resources/led-resistor-value-calculator

https://www.newark.com/led-series-resistor-calculator

https://circuitdigest.com/calculators/led-resistor-calculator

https://solderingmind.com/led-series-resistor-calculator/

https://320volt.com/en/parallel-series-led-resistor-calculator/

https://play.google.com/store/apps/details?id=mwave.led_resistor&hl=en&gl=US

https://electronixforu.com/calculators_Led_res

https://www.petervis.com/electronics/led/led-resistor-calculator.html

https://www.easycalculation.com/physics/electromagnetismo/led-series-resistance.php

https://www.abelectronics.co.uk/tools/resistor-led-calc

https://www.allmath.com/led-resistor-calculator.php

https://www.fodey.com/led-resistor

https://www.pinterest.com/pin/led-series-resistor-calculator--283937951500984693/

https://www.electricallearner.in/led-resistor-calculator-led-series-resistor-calculator/

https://www.youtube.com/watch?v=EeCh68a1GEg

https://tools.electronicbub.com/en/led-resistor-calculator/

https://www.calculators.live/led-resistor-calculator

https://www.railwayscenics.com/led_calculator.php

https://www.engineersedge.com/instrumentation/series_parallel_led/series_parallel_led_calcu
lator_12931.htm

https://www.ledsupply.com/led-resistance-calculator

https://www.learningaboutelectronics.com/Articles/LED-resistor-calculator.php

https://www.circuitbread.com/toolbox/led-resistor-calculator

https://apps.microsoft.com/detail/XPDMF1PSJ055DD?hl=en-US&gl=US

https://www.rfwireless-world.com/calculators/LED-resistor-calculator.html

https://www.rcpano.net/led-resistor-calculator/

https://apps.microsoft.com/detail/XPDMF1PSJ055DD?hl=ar-SA&gl=US

Investigue os softwares de calculadora de resistores da série LED e sua instalação em 5
softwares /aplicativos diferentes , usando uma combinação dos seguintes métodos:

i.   Baixe versões gratuitas desses softwares modernos de calculadora de resistores da
série LED e execute-os localmente em seu laptop/computador.

ii.   Baixe versões gratuitas desses softwares modernos de calculadora de resistores da
série LED e execute-os localmente em seu smartphone/tablet.

Este exercício treinará os alunos no uso de softwares modernos de calculadora de resistores da série LED e suas opções disponíveis e os apresentará à nova era desses softwares modernos de calculadoras de resistores da série LED em smartphones e tablets. Uma pequena amostra de diferentes softwares modernos de calculadora de resistores da série LED também é abordada aqui. Eles podem ser necessários posteriormente durante seu curso, carreira e pesquisa. Ele também pode servir como um estudo preliminar para o aprendizado de softwares mais avançados/licenciados de calculadoras de resistores da série LED moderna . Os resultados deverão ser demonstrados ao docente, antes da submissão. A submissão pode ser feita em cópia impressa ou eletrônica on-line. Siga as instruções subsequentes, incluindo os prazos relevantes, conforme indicado pelo docente. Os resultados esperados incluem um relatório docx /pdf, em bom formato, contendo o seguinte:

i.   Uma folha de resumo da tarefa devidamente elaborada e preenchida.

ii.   Os detalhes do computador/laptop no qual as calculadoras de resistores da série LED serão instaladas ou as versões do software on-line serão acessadas.

iii.   softwares modernos de calculadora de resistores da série LED gratuitos baixados e seus detalhes, incluindo detalhes de instalação.

iv.   softwares gratuitos de calculadora de resistores da série LED moderna , com cenários de demonstração de entrada fornecida e saída alcançada, possíveis detalhes sobre o nível de sucesso alcançado, etc. em cada um dos softwares de calculadora de resistores da série LED moderna baixados .

v.   Uma análise sucessiva dos diferentes softwares modernos de calculadora de resistores da série LED e qual você considera o melhor software gratuito para laptop/computador.

vi.   Os detalhes do smartphone/tablet sobre o qual os softwares modernos de calculadora de resistores da série LED serão instalados.

vii.   softwares modernos de calculadora de resistores da série LED em smartphones/tablets, com cenários de demonstração de entrada fornecida e saída alcançada, possíveis detalhes sobre o nível de sucesso alcançado, etc. em cada um dos softwares modernos de calculadora de resistores da série LED .

viii.   Uma análise sucessiva dos diferentes softwares modernos de calculadora de resistores da série LED e qual você considera o melhor suporte para smartphones/tablets.

ix.   Um capítulo de conclusões abrangente.

x.   Referências em questão.

xi.   Seção "Apêndice" que possui basicamente 3 partes: a primeira parte trata da alocação de tarefas no grupo, a segunda parte da atribuição de agendamento de tarefas e a terceira parte trata das notas de supervisão da reunião e das orientações nelas fornecidas.

5.3 Tarefa 23: Softwares de calculadora do regulador de corrente LM317 .

Recomendação: realizar em grupos de 2 alunos

Tempo prático sugerido – cerca de 6 horas

Você pode consultar os seguintes sites e mais fontes:

https://diyaudioprojects.com/Technical/Current-Regulator/

https://engineering.icalculator.com/lm317-current-regulator-calculator.html

https://www.petervis.com/electronics%20guides/calculators/lm317t/lm317-current-limiter.html

https://www.omnicalculator.com/other/lm317

https://www.calculatorschool.com/Electric/LM317Current.aspx

https://eepower.com/tools/lm317-resistor-voltage-calculator/

https://gzalo.com/en/calculadoras/regulador/

https://320volt.com/en/regulador-hesaplama-lm317-l200-tl431-m5237-78xx/

https://www.circuiteasy.com/calculator-for-regulator-lm317

https://cxem.net/calc/lm317_calc.php?social_iframe=56012

https://sribasu.com/online-lm317-calculator-voltage-regulator-constant-current-calculator

https://www.calculators.live/lm317-current-calculator

https://www.azcalculator.com/calc/lm317-current-regulator.php

https://www.easycalculation.com/engineering/electrical/lm317-current-calculator.php

http://lednique.com/power-supplies/lm317-constant-current-power-supply/

https://www.bvsystems.be/lm317.php

https://www.diyaudio.com/community/threads/lm317-current-regulator.10008/

https://www.youtube.com/watch?v=qSZ6Jl-TX-k

https://forum.arduino.cc/t/lm317-constant-current-circuit-common-anode-high-current-rgb-star-help/182085/17

https://hackaday.io/project/12469-simple-lm317-power-supply-with-current-limiting

https://maker.pro/forums/threads/why-is-my-lm317-current-limiter-circuit-not-working.295436/

https://forum.arduino.cc/t/lm317-current-regulator-and-limiter-question/280527

https://www.homemade-circuits.com/lm317-lm338-lm396-calculator-software/

https://www.youtube.com/watch?v=n94xqPMhmTo

os softwares da calculadora do regulador de corrente LM317 e sua instalação em 5 softwares /aplicativos diferentes , usando uma combinação dos seguintes métodos:

i.   Baixe versões gratuitas desses softwares modernos de calculadora de regulador de corrente LM317 e execute-os localmente em seu laptop/computador.

ii.   Baixe versões gratuitas desses softwares modernos de calculadora de regulador de corrente LM317 e execute-os localmente em seu smartphone/tablet.

Este exercício treinará os alunos no uso de softwares modernos de calculadora de regulador de corrente LM317 e suas opções disponíveis e os apresentará à nova era desses softwares modernos de calculadora de regulador de corrente LM317 em smartphones e tablets. Uma pequena amostra de diferentes softwares modernos de calculadora de regulador de corrente LM317 também é abordada aqui. Eles podem ser necessários posteriormente durante seu curso, carreira e pesquisa. Ele também pode servir como um estudo preliminar para o aprendizado de softwares mais avançados/licenciados, como softwares modernos de calculadora de regulador de corrente LM317 . Os resultados deverão ser demonstrados ao docente, antes da submissão. A submissão pode ser feita em cópia impressa ou eletrônica on-line. Siga as instruções subsequentes, incluindo os prazos relevantes, conforme indicado pelo docente. Os resultados esperados incluem um relatório docx /pdf, em bom formato, contendo o seguinte:

i.   Uma folha de resumo da tarefa devidamente elaborada e preenchida.

ii.   Serão acessados os detalhes do computador/laptop no qual as calculadoras do regulador de corrente LM317 serão instaladas ou as versões on-line do software.

iii.   softwares modernos de calculadora de regulador de corrente LM317 gratuitos baixados e seus detalhes, incluindo detalhes de instalação.

iv.   Relatório de execução dos softwares modernos gratuitos de calculadora de regulador de corrente LM317 , com cenários de demonstração de entrada fornecida e saída alcançada, possíveis detalhes sobre o nível de sucesso alcançado, etc. em cada um dos softwares modernos de calculadora de regulador de corrente LM317 baixados .

v.   Uma análise sucessiva dos diferentes softwares modernos da calculadora do regulador de corrente LM317 e qual você considera o melhor software gratuito para laptop/computador.

vi.   Os detalhes do smartphone/tablet sobre o qual serão instalados os softwares modernos da calculadora do regulador de corrente LM317.

vii.   Relatório de execução de tais softwares modernos de calculadora de regulador de corrente LM317 em smartphones/tablets, com cenários de demonstração de entrada fornecida e saída alcançada, possíveis detalhes sobre o nível de sucesso alcançado, etc. em cada um dos softwares modernos de calculadora de regulador de corrente LM317 .

viii.   Uma análise sucessiva dos diferentes softwares modernos de calculadora do regulador de corrente LM317 e qual você considera o melhor suporte para smartphones/tablets.

ix.   Um capítulo de conclusões abrangente.

x.   Referências em questão.

xi.   Seção "Apêndice" que possui basicamente 3 partes: a primeira parte trata da alocação de tarefas no grupo, a segunda parte da atribuição de agendamento de tarefas e a terceira parte trata das notas de supervisão da reunião e das orientações nelas fornecidas.

5.4 Tarefa 24: Softwares de cálculo de tensão e resistor LM317 .

Recomendação: realizar em grupos de 2 alunos

Tempo prático sugerido – cerca de 6 horas

Você pode consultar os seguintes sites e mais fontes:

https://www.ee-diary.com/p/lm317-voltage-regulator-online.html

https://diyaudioprojects.com/Technical/Voltage-Regulator/

https://circuitdigest.com/calculators/lm317-resistor-voltage-calculator

https://daumemo.com/lm317-voltage-regulator-calculator-voltage-source/

https://circuitspedia.com/lm317-ic-voltage-regulator-calculator/

https://uk.farnell.com/lm317-resistor-and-output-voltage-calculator

https://electronoobs.com/eng_circuitos_tut52.php

https://www.muzique.com/schem/lm317.htm

https://www.electro-tech-online.com/tools/lm317-calculator.php

https://www.jotrin.com/tool/details/LMSCDYJSQ

https://www.ee-diary.com/p/lm317-voltage-regulator-online.html

https://www.bvsystems.be/lm317.php

https://www.calculatorschool.com/Electric/Lm317Resistor.aspx

https://ekalk.eu/lm317_en.html

https://play.google.com/store/apps/details?id=com.nabilbd.lm317calculator&hl=en&gl=US

https://www.electronicecircuits.com/electronic-software/lm317-calculator/

https://www.techmonkeybusiness.com/articles/LM317_Calculator.html

https://www.easycalculation.com/engineering/electrical/lm317-resistor-calculator.php

https://www.aaabbb.de/LM317/AdjustableVoltageRegulatorLM317_en.php

https://play.google.com/store/apps/details?id=com.nabilbd.lm317calculator&hl=en_GB&gl=US

https://www.pinterest.com/pin/lm317-calculator-voltage-source-daumemo--1043075963676348059/

https://www.autoitscript.com/forum/topic/89695-voltage-regulator-calculator-lm317/

https://forum.allaboutcircuits.com/threads/lm317-calculator.14437/

https://www.pinterest.com/pin/886083295426167245/

https://www.edaboard.com/threads/minimum-value-r1-lm317-voltage-regulator.208782/

https://calchub.xyz/lm317-voltage-and-resistor/

https://www.gislite.com/app/s0052

https://www.youtube.com/watch?v=SJ2AVKrAxt4

os softwares de calculadora de tensão e resistor LM317 e sua instalação em 5 softwares /aplicativos diferentes , usando uma combinação dos seguintes métodos:

i.   Baixe versões gratuitas desses softwares modernos de calculadora de tensão e resistor LM317 e execute-os localmente em seu laptop/computador.

ii.   Baixe versões gratuitas desses softwares modernos de calculadora de tensão e resistor LM317 e execute-os localmente em seu smartphone/tablet.

Este exercício treinará os alunos no uso desses softwares modernos de calculadora de tensão e resistor LM317 e suas opções disponíveis e os apresentará à nova era desses softwares modernos de calculadora de tensão e resistor LM317 em smartphones e tablets. Uma pequena amostra de diferentes softwares modernos de calculadora de tensão e resistor LM317 também é abordada aqui. Eles podem ser necessários posteriormente durante seu curso, carreira e pesquisa. Ele também pode servir como um estudo preliminar para o aprendizado de softwares mais avançados/licenciados, como softwares modernos de calculadora de tensão e resistor LM317 . Os resultados deverão ser demonstrados ao docente, antes da submissão. A submissão pode ser feita em cópia impressa ou eletrônica on-line. Siga as instruções subsequentes, incluindo os prazos relevantes, conforme indicado pelo docente. Os resultados esperados incluem um relatório docx /pdf, em bom formato, contendo o seguinte:

i. Uma folha de resumo da tarefa devidamente elaborada e preenchida.

ii. Os detalhes do computador/laptop no qual os softwares modernos de calculadora de tensão e resistor LM317 serão instalados ou as versões on-line do software serão acessadas.

iii. softwares modernos gratuitos de calculadora de tensão e resistor LM317 baixados e seus detalhes, incluindo detalhes de instalação.

iv. Relatório de execução dos softwares modernos gratuitos de calculadora de tensão e resistor LM317 , com cenários de demonstração de entrada fornecida e saída alcançada, possíveis detalhes sobre o nível de sucesso alcançado, etc. em cada um dos softwares modernos de calculadora de tensão e resistor LM317 baixados .

v. Uma análise sucessiva dos diferentes softwares modernos de calculadora de tensão e resistor LM317 e qual você considera o melhor software gratuito para laptop/computador.

vi. Os detalhes do smartphone/tablet sobre o qual serão instalados os softwares modernos de calculadora de tensão e resistor LM317.

vii. Relatório de execução de tais softwares modernos de calculadora de tensão e resistor LM317 em smartphones/tablets, com cenários de demonstração de entrada fornecida e saída alcançada, possíveis detalhes sobre o nível de sucesso alcançado, etc. em cada um dos softwares modernos de calculadora de tensão e resistor LM317 .

viii. Uma análise sucessiva dos diferentes softwares de calculadora de tensão e resistência LM317 e qual você considera o melhor suporte para smartphones/tablets.

ix. Um capítulo de conclusões abrangente.

x. Referências em questão.

xi. Seção "Apêndice" que possui basicamente 3 partes: a primeira parte trata da alocação de tarefas no grupo, a segunda parte da atribuição de agendamento de tarefas e a terceira parte trata das notas de supervisão da reunião e das orientações nelas fornecidas.

5.5 Tarefa 25: Softwares de cálculo de pressão eletrostática .

Recomendação: realizar em grupos de 2 alunos

Tempo prático sugerido – cerca de 6 horas

Você pode consultar os seguintes sites e mais fontes:

https://www.fxsolver.com/browse/formulas/Electrostatic+pression

https://www.vcalc.com/wiki/EmilyB/Electrostatic+Pressure

https://www.toppr.com/ask/question/obtain-the-formula-for-electrostatic-force-and-electric-Pressure-on-the-surface-of-the-charged/

https://www.youtube.com/watch?v=HtEp1e8HWxo

https://byjus.com/question-answer/derivation-of-electrostatic-pression/

https://blackhawksupply.com/pages/static-pression-calculator

https://physicspages.com/pdf/Electrodynamics/Electrostatic%20pression.pdf

https://www.youtube.com/watch?v=DnIvJegWyxY

https://physics.icalculator.com/non-uniform-electric-field-calculator.html

Investigue softwares de calculadora de pressão eletrostática e sua instalação em 5 softwares /aplicativos diferentes , usando uma combinação dos seguintes métodos:

i.   Baixe versões gratuitas desses softwares modernos de calculadora de pressão eletrostática e execute-os localmente em seu laptop/computador.

ii. Baixe versões gratuitas desses softwares modernos de calculadora de pressão eletrostática e execute-os localmente em seu smartphone/tablet.

Este exercício treinará os alunos no uso desses softwares modernos de calculadora de pressão eletrostática e suas opções disponíveis e os apresentará à nova era desses softwares modernos de calculadora de pressão eletrostática em smartphones e tablets. Uma pequena amostra de diferentes softwares modernos de calculadora de pressão eletrostática também é abordada aqui. Eles podem ser necessários posteriormente durante seu curso, carreira e pesquisa. Também pode servir como um estudo preliminar para o aprendizado de softwares modernos de calculadora de pressão eletrostática mais avançados/licenciados . Os resultados deverão ser demonstrados ao docente, antes da submissão. A submissão pode ser feita em cópia impressa ou eletrônica on-line. Siga as instruções subsequentes, incluindo os prazos relevantes, conforme indicado pelo docente. Os resultados esperados incluem um relatório docx /pdf, em bom formato, contendo o seguinte:

i.   Uma folha de resumo da tarefa devidamente elaborada e preenchida.

ii. os detalhes do computador/laptop no qual os softwares modernos de calculadora de pressão eletrostática serão instalados ou as versões on-line do software.

iii.   softwares modernos gratuitos de calculadora de pressão eletrostática baixados e seus detalhes, incluindo detalhes de instalação.

iv.   Relatório de execução dos Softwares Modernos de Calculadora de Pressão Eletrostática gratuitos , com cenários de demonstração de entrada fornecida e saída alcançada, possíveis detalhes sobre o nível de sucesso alcançado, etc. em cada um dos Softwares Modernos de Calculadora de Pressão Eletrostática baixados .

v.   Uma análise sucessiva dos diferentes softwares modernos de calculadora de pressão eletrostática e qual você considera o melhor software gratuito para laptop/computador.

vi.   Os detalhes do smartphone/tablet sobre o qual serão instalados os modernos softwares de calculadora de pressão eletrostática.

vii.   Relatório de execução de tais softwares modernos de calculadora de pressão eletrostática em smartphones/tablets, com cenários de demonstração de entrada fornecida e saída alcançada, possíveis detalhes sobre o nível de sucesso alcançado, etc. em cada um dos softwares modernos de calculadora de pressão eletrostática .

viii.   Uma análise sucessiva dos diferentes softwares modernos de calculadora de pressão eletrostática e qual você considera o melhor suporte para smartphones/tablets.

ix.   Um capítulo de conclusões abrangente.

x.   Referências em questão.

xi.   Seção "Apêndice" que possui basicamente 3 partes: a primeira parte trata da alocação de tarefas no grupo, a segunda parte da atribuição de agendamento de tarefas e a terceira parte trata das notas de supervisão da reunião e das orientações nelas fornecidas.

Seção 6: Calculadoras de tempo.

6.1 Tarefa 26: Softwares de calculadora de atraso de tempo do microcontrolador 8051 PIC .

Recomendação: realizar em grupos de 2 alunos

Tempo prático sugerido – cerca de 6 horas

Você pode consultar os seguintes sites e mais fontes:

https://engineering.icalculator.com/8051-pic-microcontroller-time-delay-calculator.html

https://www.calculatorschool.com/Electric/UcTimeDelay.aspx

https://www.calculators.live/8051-time-delay

https://www.easycalculation.com/engineering/electrical/uc-time-delay.php

https://www.youtube.com/watch?v=PfEWMEsvzAs

https://www.8051projects.net/download-d115-8051-time-delaytimer-routine-calculator.html

https://electronics.stackexchange.com/questions/576704/8051-timer-delay-calculation

https://microcontrollerslab.com/8051-timer-generate-delay/

https://www.youtube.com/watch?v=EIV0DvAMNMY

https://www.easycalculation.com/formulas/8051-pic-uc-time-delay.html

https://www.electronicshub.org/delay-using-8051-timers/

https://www.mikroe.com/timer-calculator

https://www.youtube.com/watch?v=1GIK0cD9wyg

https://stackoverflow.com/questions/51346780/how-to-calculate-delay-in-8051-micro-controller

https://blowtech.blogspot.com/2013/08/calculate-approximate-delay-in-8051.html

https://microcontrollerslab.com/timers-pic-microcontroller-delay/

https://www.engineersgarage.com/how-to-generate-one-second-delay-with-8051-timers/

http://www.csgnetwork.com/timer8051calc.html

https://exploreembedded.com/wiki/5.8051_Timer_programming

https://www.circuitstoday.com/delay-using-8051-timer

https://www.dnatechindia.com/Methods-for-generating-delay.html

http://kkwtemicrocontrollers.blogspot.com/2018/07/program-for-delay-of-10-ms.html

os softwares 8051 PIC Microcontroller Time Delay Calculator e sua instalação em 5 softwares /aplicativos diferentes , usando uma combinação dos seguintes métodos:

i.   Baixe versões gratuitas desses softwares modernos de calculadora de atraso de tempo de microcontrolador 8051 PIC e execute-os localmente em seu laptop/computador.

ii.   Baixe versões gratuitas desses softwares modernos de calculadora de atraso de tempo de microcontrolador 8051 PIC e execute-os localmente em seu smartphone/tablet.

Este exercício treinará os alunos no uso de softwares modernos de calculadora de atraso de tempo com microcontrolador 8051 PIC e suas opções disponíveis e os apresentará à nova era desses softwares modernos de calculadora de atraso de tempo com microcontrolador 8051 PIC em smartphones e tablets. Uma pequena amostra de diferentes softwares modernos de calculadora de atraso de tempo do microcontrolador 8051 PIC também é abordada aqui. Eles podem ser necessários posteriormente durante seu curso, carreira e pesquisa. Ele também pode servir como um estudo preliminar para o aprendizado de softwares mais avançados/licenciados, como softwares modernos de calculadora de atraso de tempo de microcontrolador 8051 PIC . Os resultados deverão ser demonstrados ao docente, antes da submissão. A submissão pode ser feita em cópia impressa ou eletrônica on-line. Siga as instruções subsequentes, incluindo os prazos relevantes, conforme indicado pelo docente. Os resultados esperados incluem um relatório docx /pdf, em bom formato, contendo o seguinte:

i.   Uma folha de resumo da tarefa devidamente elaborada e preenchida.

ii.   Os detalhes do computador/laptop no qual os softwares modernos da calculadora de atraso de tempo do microcontrolador 8051 PIC serão instalados ou as versões do software on-line serão acessadas.

iii.   softwares gratuitos da calculadora de atraso de tempo do microcontrolador 8051 PIC modernos baixados e seus detalhes, incluindo detalhes de instalação.

iv.   softwares gratuitos de calculadora de atraso de tempo de microcontrolador 8051 PIC moderno , com cenários de demonstração de entrada fornecida e saída alcançada, possíveis detalhes sobre o nível de sucesso alcançado, etc. em cada um dos softwares de calculadora de atraso de tempo de microcontrolador 8051 PIC modernos baixados .

v.   Uma análise sucessiva dos diferentes softwares modernos de calculadora de atraso de tempo do microcontrolador 8051 PIC e qual você considera o melhor como o software gratuito para laptop/computador.

vi.   Os detalhes do smartphone/tablet sobre o qual os softwares modernos da calculadora de atraso de tempo do microcontrolador 8051 PIC serão instalados.

vii.   Relatório de execução de tais softwares modernos de calculadora de atraso de tempo de microcontrolador 8051 PIC em smartphones/tablets, com cenários de demonstração de entrada fornecida e saída alcançada, possíveis detalhes sobre o nível de sucesso alcançado, etc. em cada um dos softwares de calculadora de atraso de tempo de microcontrolador moderno 8051 PIC .

viii.   Uma análise sucessiva dos diferentes softwares modernos de calculadora de atraso de tempo do microcontrolador 8051 PIC e qual você considera o melhor suporte para smartphones / tablets.

ix.   Um capítulo de conclusões abrangente.

x.   Referências em questão.

xi.   Seção "Apêndice" que possui basicamente 3 partes: a primeira parte trata da alocação de tarefas no grupo, a segunda parte da atribuição de agendamento de tarefas e a terceira parte trata das notas de supervisão da reunião e das orientações nelas fornecidas.

6.2 Tarefa 27: Softwares de calculadora com temporizador astável IC 555 .

Recomendação: realizar em grupos de 2 alunos

Tempo prático sugerido – cerca de 6 horas

Você pode consultar os seguintes sites e mais fontes:

https://ohmslawcalculator.com/555-astable-calculator

https://www.digikey.com/en/resources/conversion-calculators/conversion-calculator-555-timer

https://circuitdigest.com/calculators/555-timer-astable-circuit-calculator

https://www.allaboutcircuits.com/tools/555-timer-astable-circuit/

https://last Minuteengineers.com/555-timer-astable-circuit-calculator/

https://www.build-electronic-circuits.com/circuit-calculator-conversion/555-timer-calculator/

https://www.rfwireless-world.com/calculators/Astable-Multivibrator-frequency-and-duty-cycle-calculator.html

https://www.xarg.org/tools/ne555-astable-circuit-calculator/

https://www.homemade-circuits.com/ic-555-timer-astable-circuit-calculator/

https://mechatrofice.com/calculator/555-multivibrator

https://www.omnicalculator.com/physics/ne555-astable

https://www.utmel.com/tools/555-timer-calculator?id=31

https://www.apogeeweb.net/tools/555-timer-astable-circuit-calculator.html

https://play.google.com/store/apps/details?id=com.peterhohsy.timer555calculator&hl=en&gl=US

https://engineering.icalculator.com/ic-555-astable-timer-calculator.html

https://www.easybom.com/conversion-tools/555-timer-calculator

https://daycounter.com/Calculators/NE555-Calculator.phtml

https://theorycircuit.com/ic-555-timer-astable-multivibrator-circuit-calculator/

https://solderingmind.com/555-astable-multivibrator-calculator/

https://www.rfwireless-world.com/calculators/555-timer-calculator.html

https://circuitdigest.com/calculators/555-timer-monostable-calculator

https://elektronicavoorjou.nl/en/astabiele-555-timer-calculator/

https://www.allaboutcircuits.com/tools/555-timer-monostable-circuit/

https://www.datasheets.com/tools/555-timer-calculator

https://www.electroinvention.co.in/ic555-calculator-online-ic-555-astable/

https://engineering.icalculator.com/ne555-timer-astable-circuit-calculator.html

https://visual555.tardate.com/

https://www.engineersedge.com/instrumentation/555-timer-ic.htm

https://in.pinterest.com/pin/ic-555-timer-calculator-astable-mode-and-monostable-mode--719309371756332180/

https://www.youtube.com/watch?v=KPJqQACKNS0

https://ohmslawcalculator.com/555-monostable-calculator

https://www.easycalculation.com/engineering/electrical/ic-555-timer-monostable-calculator.php

https://cafebazaar.ir/app/com.peterhohsy.timer555calculator?l=en

https://play.google.com/store/apps/details?id=com.peterhohsy.timer555calculatorpro&hl=en&gl=US

https://www.ee-diary.com/p/555-timer-online-calculator.html

https://www.easycalculation.com/formulas/555-timer-formula.html

https://www.ti.com/tool/TLC555CALC

https://www.etechnog.com/2023/08/ic-555-timer-calculator-astable-mode.html

https://www.apogeeweb.net/tools/ic-555-timer-calculator-with-formulas-and-equations.html

https://www.gadgetronicx.com/calculators/astable-multivibrator-calculator/

https://www.pinterest.com/pin/555-timer-astable-circuit-calculator--653866439624077016/

os softwares IC 555 Astable Timer Calculator e sua instalação em 5 softwares /aplicativos diferentes , usando uma combinação dos seguintes métodos:

i. Baixe versões gratuitas desses softwares Modern IC 555 Astable Timer Calculator e execute-os localmente em seu laptop/computador.

ii. Baixe versões gratuitas desses softwares Modern IC 555 Astable Timer Calculator e execute-os localmente em seu smartphone/tablet.

Este exercício treinará os alunos no uso desses softwares modernos de calculadora com temporizador astável IC 555 e suas opções disponíveis e os apresentará à nova era desses softwares modernos de calculadora com temporizador astável IC 555 em smartphones e tablets. Uma pequena amostra de diferentes softwares modernos de calculadora com temporizador astável IC 555 também é abordada aqui. Eles podem ser necessários posteriormente durante seu curso, carreira e pesquisa. Ele também pode servir como um estudo preliminar para o aprendizado de softwares mais avançados/licenciados, como softwares modernos de calculadora com temporizador astável IC 555 . Os resultados deverão ser demonstrados ao docente, antes da submissão. A submissão pode ser feita em cópia impressa ou eletrônica on-line. Siga as instruções subsequentes, incluindo os prazos relevantes, conforme indicado pelo docente. Os resultados esperados incluem um relatório docx /pdf, em bom formato, contendo o seguinte:

i. Uma folha de resumo da tarefa devidamente elaborada e preenchida.

ii. Os detalhes do computador/laptop no qual as calculadoras IC 555 Astable Timer serão instaladas ou as versões do software online serão acessadas.

iii. softwares gratuitos de calculadora de temporizador astável Modern IC 555 baixados e seus detalhes, incluindo detalhes de instalação.

iv. softwares gratuitos de calculadora de temporizador astável IC 555 moderno , com cenários de demonstração de entrada fornecida e saída alcançada, possíveis detalhes sobre o nível de sucesso alcançado, etc. em cada um dos softwares de calculadora de temporizador astável Modern IC 555 baixados .

v. Uma análise sucessiva dos diferentes softwares Modern IC 555 Astable Timer Calculator e qual você considera o melhor como o software gratuito para laptop/computador.

vi. Os detalhes do smartphone/tablet sobre o qual os softwares Modern IC 555 Astable Timer Calculator serão instalados.

vii. Relatório de execução de tais softwares de calculadora de temporizador astável Modern IC 555 em smartphones/tablets, com cenários de demonstração de entrada fornecida e saída alcançada, possíveis detalhes sobre o nível de sucesso alcançado, etc. em cada um dos softwares de calculadora de temporizador astável Modern IC 555 .

viii.   Uma análise sucessiva dos diferentes softwares Modern IC 555 Astable Timer Calculator e qual você considera o melhor suporte para smartphones/tablets.

ix.   Um capítulo de conclusões abrangente.

x.   Referências em questão.

xi.   Seção "Apêndice" que possui basicamente 3 partes: a primeira parte trata da alocação de tarefas no grupo, a segunda parte da atribuição de agendamento de tarefas e a terceira parte trata das notas de supervisão da reunião e das orientações nelas fornecidas.

6.3 Tarefa 28: Softwares de calculadora de atraso e tempo limite do temporizador monoestável IC 555 .

Recomendação: realizar em grupos de 2 alunos

sugerido – cerca de 6 horas

Você pode consultar os seguintes sites e mais fontes:

https://ohmslawcalculator.com/555-astable-calculator

https://www.digikey.com/en/resources/conversion-calculators/conversion-calculator-555-timer

https://circuitdigest.com/calculators/555-timer-astable-circuit-calculator

https://www.allaboutcircuits.com/tools/555-timer-astable-circuit/

https://last Minuteengineers.com/555-timer-astable-circuit-calculator/

https://www.build-electronic-circuits.com/circuit-calculator-conversion/555-timer-calculator/

https://www.rfwireless-world.com/calculators/Astable-Multivibrator-frequency-and-duty-cycle-calculator.html

https://www.xarg.org/tools/ne555-astable-circuit-calculator/

https://www.homemade-circuits.com/ic-555-timer-astable-circuit-calculator/

https://mechatrofice.com/calculator/555-multivibrator

https://www.omnicalculator.com/physics/ne555-astable

https://www.utmel.com/tools/555-timer-calculator?id=31

https://www.apogeeweb.net/tools/555-timer-astable-circuit-calculator.html

https://play.google.com/store/apps/details?id=com.peterhohsy.timer555calculator&hl=en&gl=US

https://engineering.icalculator.com/ic-555-astable-timer-calculator.html

https://www.easybom.com/conversion-tools/555-timer-calculator

https://daycounter.com/Calculators/NE555-Calculator.phtml

https://theorycircuit.com/ic-555-timer-astable-multivibrator-circuit-calculator/

https://solderingmind.com/555-astable-multivibrator-calculator/

https://www.rfwireless-world.com/calculators/555-timer-calculator.html

https://circuitdigest.com/calculators/555-timer-monostable-calculator

https://elektronicavoorjou.nl/en/astabiele-555-timer-calculator/

https://www.allaboutcircuits.com/tools/555-timer-monostable-circuit/

https://www.datasheets.com/tools/555-timer-calculator

https://www.electroinvention.co.in/ic555-calculator-online-ic-555-astable/

https://engineering.icalculator.com/ne555-timer-astable-circuit-calculator.html

https://visual555.tardate.com/

https://www.engineersedge.com/instrumentation/555-timer-ic.htm

https://in.pinterest.com/pin/ic-555-timer-calculator-astable-mode-and-monostable-mode--719309371756332180/

https://www.youtube.com/watch?v=KPJqQACKNS0

https://ohmslawcalculator.com/555-monostable-calculator

https://www.easycalculation.com/engineering/electrical/ic-555-timer-monostable-calculator.php

https://cafebazaar.ir/app/com.peterhohsy.timer555calculator?l=en

https://play.google.com/store/apps/details?id=com.peterhohsy.timer555calculatorpro&hl=en&gl=US

https://www.ee-diary.com/p/555-timer-online-calculator.html

https://www.easycalculation.com/formulas/555-timer-formula.html

https://www.ti.com/tool/TLC555CALC

https://www.etechnog.com/2023/08/ic-555-timer-calculator-astable-mode.html

https://www.apogeeweb.net/tools/ic-555-timer-calculator-with-formulas-and-equations.html

https://www.gadgetronicx.com/calculators/astable-multivibrator-calculator/

https://www.pinterest.com/pin/555-timer-astable-circuit-calculator--653866439624077016/

os softwares IC 555 Timer Monostable Delay e Timeout Calculator e sua instalação em 5 softwares /aplicativos diferentes , usando uma combinação dos seguintes métodos:

i.   Baixe versões gratuitas desses softwares Modern IC 555 Timer Monostable Delay e Timeout Calculator e execute-os localmente em seu laptop/computador.

ii. Baixe versões gratuitas desses softwares Modern IC 555 Timer Monostable Delay e Timeout Calculator e execute-os localmente em seu smartphone/tablet.

Este exercício treinará os alunos no uso de softwares modernos de calculadora de atraso e tempo limite com temporizador monoestável IC 555 e suas opções disponíveis e os apresentará à nova era desses softwares modernos de calculadora de atraso e tempo limite com temporizador monoestável IC 555 em smartphones e tablets. Um pequeno resumo de diferentes softwares modernos de atraso monoestável com temporizador IC 555 e calculadora de tempo limite também é abordado aqui. Eles podem ser necessários posteriormente durante seu curso, carreira e pesquisa. Ele também pode servir como um estudo preliminar para o aprendizado de softwares mais avançados/licenciados, como softwares modernos de atraso monoestável com temporizador IC 555 e calculadora de tempo limite . Os resultados deverão ser demonstrados ao docente, antes da submissão. A submissão pode ser feita em cópia impressa ou eletrônica on-line. Siga as instruções subsequentes, incluindo os prazos relevantes, conforme indicado pelo docente. Os resultados esperados incluem um relatório docx /pdf, em bom formato, contendo o seguinte:

i. Uma folha de resumo da tarefa devidamente elaborada e preenchida.

ii. Os detalhes do computador/laptop no qual os softwares Modern IC 555 Timer Monostable Delay e Timeout Calculator serão instalados ou as versões do software online serão acessadas.

iii. softwares gratuitos Modern IC 555 Timer Monostable Delay e Timeout Calculator baixados e seus detalhes, incluindo detalhes de instalação.

iv. Relatório de execução dos softwares gratuitos Modern IC 555 Timer Monostable Delay e Timeout Calculator , com cenários de demonstração de entrada fornecida e saída alcançada, possíveis detalhes sobre o nível de sucesso alcançado, etc. em cada Modern IC 555 Timer Monostable Delay and Timeout Calculator Software.

v. Uma análise sucessiva dos diferentes softwares Modern IC 555 Timer Monostable Delay e Timeout Calculator e qual você considera o melhor como o software gratuito para laptop/computador.

vi. Os detalhes do smartphone/tablet sobre o qual serão instalados os softwares Modern IC 555 Timer Monostable Delay e Timeout Calculator .

vii. Relatório de execução de tais softwares IC 555 Timer Monostable Delay e Timeout Calculator em smartphones/tablets, com cenários de demonstração de entrada fornecida e saída alcançada, possíveis detalhes sobre o nível de sucesso alcançado, etc. em cada um dos Modern IC 555 Timer Monostable Delay e Softwares de calculadora de tempo limite .

viii. Uma análise sucessiva dos diferentes softwares Modern IC 555 Timer Monostable Delay e Timeout Calculator e qual você considera o melhor suporte para smartphones/tablets.

ix. Um capítulo de conclusões abrangente.

x. Referências em questão.

xi. Seção "Apêndice" que possui basicamente 3 partes: a primeira parte trata da alocação de tarefas no grupo, a segunda parte da atribuição de agendamento de tarefas e a terceira parte trata das notas de supervisão da reunião e das orientações nelas fornecidas.

6.4 Softwares de calculadora de circuito astável com temporizador NE555 .

Recomendação: realizar em grupos de 2 alunos

Tempo prático sugerido – cerca de 6 horas

Você pode consultar os seguintes sites e mais fontes:

https://ohmslawcalculator.com/555-astable-calculator

https://www.allaboutcircuits.com/tools/555-timer-astable-circuit/

https://www.xarg.org/tools/ne555-astable-circuit-calculator/

https://last Minuteengineers.com/555-timer-astable-circuit-calculator/

https://www.apogeeweb.net/tools/555-timer-astable-circuit-calculator.html

https://www.omnicalculator.com/physics/ne555-astable

https://www.daycounter.com/Calculators/NE555-Calculator.phtml

https://engineering.icalculator.com/ne555-timer-astable-circuit-calculator.html

https://mechatrofice.com/calculator/555-multivibrator

https://ohmslawcalculator.com/555-monostable-calculator

https://play.google.com/store/apps/details?id=com.peterhohsy.timer555calculator&hl=en&gl=US

https://www.555-timer-circuits.com/calculator.html

https://www.petervis.com/dictionary-of-digital-terms/555-timer-calculator/555-timer-calculator-astable-c.html

https://www.calculators.live/555-timer-astable-calculator

https://www.easycalculation.com/engineering/electrical/555-astable-calculator.php

Investigue os softwares de calculadora de circuito astável com temporizador NE555 e sua instalação em 5 softwares /aplicativos diferentes , usando uma combinação dos seguintes métodos:

i. Baixe versões gratuitas desses softwares modernos de calculadora de circuito astável com temporizador NE555 e execute-os localmente em seu laptop/computador.

ii.   Baixe versões gratuitas desses softwares modernos de calculadora de circuito astável com temporizador NE555 e execute-os localmente em seu smartphone/tablet.

Este exercício treinará os alunos no uso de softwares modernos de calculadora de circuito astável com temporizador NE555 e suas opções disponíveis e os apresentará à nova era desses softwares modernos de calculadora de circuito astável com temporizador NE555 em smartphones e tablets. Uma pequena amostra de diferentes softwares modernos de calculadora de circuito astável com temporizador NE555 também é abordada aqui. Eles podem ser necessários posteriormente durante seu curso, carreira e pesquisa. Ele também pode servir como um estudo preliminar para o aprendizado de softwares de calculadora de circuito astável com temporizador NE555 mais avançados/licenciados . Os resultados deverão ser demonstrados ao docente, antes da submissão. A submissão pode ser feita em cópia impressa ou eletrônica on-line. Siga as instruções subsequentes, incluindo os prazos relevantes, conforme indicado pelo docente. Os resultados esperados incluem um relatório docx /pdf, em bom formato, contendo o seguinte:

i.   Uma folha de resumo da tarefa devidamente elaborada e preenchida.

ii.   Os detalhes do computador/laptop no qual os softwares modernos de calculadora de circuito astável com temporizador NE555 serão instalados ou as versões de software on-line serão acessadas.

iii.   softwares gratuitos de calculadora de circuito astável com temporizador NE555 modernos baixados e seus detalhes, incluindo detalhes de instalação.

iv.   Relatório de execução dos softwares modernos de calculadora de circuito astável com temporizador NE555 gratuitos , com cenários de demonstração de entrada fornecida e saída alcançada, possíveis detalhes sobre o nível de sucesso alcançado, etc. em cada um dos softwares de calculadora de circuito astável com temporizador NE555 modernos baixados .

v.   Uma análise sucessiva dos diferentes softwares modernos de calculadora de circuito astável com temporizador NE555 e qual você considera o melhor software gratuito para laptop / computador.

vi.   Os detalhes do smartphone/tablet sobre o qual serão instalados os softwares modernos de calculadora de circuito astável com temporizador NE555.

vii.   Relatório de execução de tais softwares modernos de calculadora de circuito astável com temporizador NE555 em smartphones/tablets, com cenários de demonstração de entrada fornecida e saída alcançada, possíveis detalhes sobre o nível de sucesso alcançado, etc. em cada um dos softwares modernos de calculadora de circuito astável com temporizador NE555 .

viii. Uma análise sucessiva dos diferentes softwares modernos de calculadora de circuito astável com temporizador NE555 e qual você considera o melhor suporte para smartphones / tablets.

ix. Um capítulo de conclusões abrangente.

x. Referências em questão.

xi. Seção "Apêndice" que possui basicamente 3 partes: a primeira parte trata da alocação de tarefas no grupo, a segunda parte da atribuição de agendamento de tarefas e a terceira parte trata das notas de supervisão da reunião e das orientações nelas fornecidas.

Seção 7: Capacitando as atividades do dia a dia.

7.1 Tarefa 30: Softwares de calculadora com transformada discreta de Fourier .

Recomendação: realizar em grupos de 2 alunos

Tempo prático sugerido – cerca de 6 horas

Você pode consultar os seguintes sites e mais fontes:

https://www.wolframalpha.com/input?i=discrete+Fourier+transform+of+%5B1%2C+-1%2C+1%2C+-1%2C+5%2C+4%2C+3%2C+ 2%5D

https://www.easycalculation.com/engineering/mechanical/discrete-fourier-transform.php

https://planetcalc.com/7543/

https://www.calculators.live/discrete-fourier-transform

https://tonysader.github.io/FFT_Calculator/

https://play.google.com/store/apps/details?id=me.jajae.dft&hl=en&gl=US

https://www.symbolab.com/solver/fourier-transform-calculator

https://planetcalc.com/8778/?license=1

https://www.youtube.com/watch?v=AZ6cpo0GhcU

https://brilliant.org/wiki/discrete-fourier-transform/

https://vaibhav32118.github.io/pbl/IDFT.html

https://mathlets.org/mathlets/discrete-fourier-transform/

https://dft-calculator.soft112.com/

https://www.mathworks.com/help/signal/ug/discrete-fourier-transform.html

https://www.sciencedirect.com/science/article/abs/pii/S0096300398100802

https://www.youtube.com/watch?v=MZcb8br_9Ic

https://www.reddit.com/r/redstone/comments/10oe3v5/dft_discrete_fourier_transform_calcul ator_of_a/

https://stackoverflow.com/questions/73897047/how-to-calculate-the-discrete-fourier-transform-sample-frequencies-using-tensorf

https://www.easycalculation.com/engineering/mechanical/learn-discrete-fourier-transform.php

https://blog.demofox.org/2016/08/11/understanding-the-discrete-fourier-transform/

https://excelunusual.com/a-basic-fourier-transform-calculator-in-excel-video-preview/

https://patents.google.com/patent/US4164021A/en

https://mathoverflow.net/questions/103611/frequency-calculation-using-fourier-transform

https://gamedev.stackexchange.com/questions/177662/calculate-discrete-fourier-transform-by-using-c

https://www.youtube.com/watch?v=s3QnQwLKtHg
https://stackoverflow.com/questions/18753064/fftw-and-online-dft-calculator-get-diferentes-resultados
https://patents.google.com/patent/CN102364456A/en
https://www.dcode.fr/fourier-transform
https://integral-calculators.com/fourier-transform-calculator
https://forum.swissmicros.com/viewtopic.php?t=2652
https://calculator-integral.com/fourier-transform-calculator
https://www.youtube.com/watch?v=nl9TZanwbBk

Investigue softwares de calculadora com transformada discreta de Fourier (DFT) e sua instalação em 5 softwares /aplicativos diferentes , usando uma combinação dos seguintes métodos:

i. Baixe versões gratuitas desses softwares modernos de calculadora com transformada discreta de Fourier e execute-os localmente em seu laptop/computador.

ii. Baixe versões gratuitas desses softwares modernos de calculadora com transformada discreta de Fourier e execute-os localmente em seu smartphone/tablet.

Este exercício treinará os alunos no uso de tais softwares modernos de calculadora com transformada discreta de Fourier e suas opções disponíveis e os apresentará à nova era desses softwares modernos de calculadora com transformada discreta de Fourier em smartphones e tablets. Uma pequena amostra de diferentes softwares modernos de calculadora com transformada discreta de Fourier também é abordada aqui. Eles podem ser necessários posteriormente durante seu curso, carreira e pesquisa. Ele também pode servir como um estudo preliminar para o aprendizado de softwares modernos de calculadora com transformada discreta de Fourier mais avançados/licenciados . Os resultados deverão ser demonstrados ao docente, antes da submissão. A submissão pode ser feita em cópia impressa ou eletrônica on-line. Siga as instruções subsequentes, incluindo os prazos relevantes, conforme indicado pelo docente. Os resultados esperados incluem um relatório docx /pdf, em bom formato, contendo o seguinte:

i. Uma folha de resumo da tarefa devidamente elaborada e preenchida.

ii. Os detalhes do computador/laptop no qual os softwares modernos da calculadora com transformada discreta de Fourier serão instalados ou as versões do software on-line serão acessadas.

iii.   softwares modernos de calculadora de transformação discreta de Fourier baixados e seus detalhes, incluindo detalhes de instalação.

iv.   softwares modernos gratuitos de calculadora de transformada discreta de Fourier , com cenários de demonstração de entrada fornecida e saída alcançada, possíveis detalhes sobre o nível de sucesso alcançado, etc. em cada um dos softwares modernos de calculadora de transformada discreta de Fourier baixados .

v.   Uma análise sucessiva dos diferentes softwares modernos de calculadora com transformada discreta de Fourier e qual você considera o melhor software gratuito para laptop/computador.

vi.   Os detalhes do smartphone/tablet sobre o qual os softwares modernos da calculadora com transformada discreta de Fourier serão instalados.

vii.   Relatório de execução de tais softwares modernos de calculadora de transformada discreta de Fourier em smartphones/tablets, com cenários de demonstração de entrada fornecida e saída alcançada, possíveis detalhes sobre o nível de sucesso alcançado, etc. em cada um dos softwares modernos de calculadora de transformada discreta de Fourier .

viii.   Uma análise sucessiva dos diferentes softwares modernos de calculadora com transformada discreta de Fourier e qual você considera o melhor suporte para smartphones/tablets.

ix.   Um capítulo de conclusões abrangente.

x.   Referências em questão.

xi.   Seção "Apêndice" que possui basicamente 3 partes: a primeira parte trata da alocação de tarefas no grupo, a segunda parte da atribuição de agendamento de tarefas e a terceira parte trata das notas de supervisão da reunião e das orientações nelas fornecidas.

7.2 Tarefa 31: Softwares de calculadora de amplificador de instrumentação .

Recomendação: realizar em grupos de 2 alunos

Tempo prático sugerido – cerca de 6 horas

Você pode consultar os seguintes sites e mais fontes:

https://www.allaboutcircuits.com/tools/instrumentation-amplifier-calculator/
https://engineering.icalculator.com/instrumentation-amplifier-calculator.html

https://tools.analog.com/en/diamond/#difL=-0.1&difR=0.1&difSl=-0.1&gain=100&l=-8&pr=AD8422&r=8&sl=-8&tab=1&ty=1&vn=-15&vp=15&vr=0

https://www.youtube.com/watch?v=uE3HGJy0ynE

https://ncalculators.com/electronics/instrumentation-amplifier-calculator.htm

https://www.allaboutcircuits.com/textbook/semiconductors/chpt-8/the-instrumentation-amplifier/

https://eng.libretexts.org/Bookshelves/Electrical_Engineering/Electronics/Operational_Amplifier s_and_Linear_Integrated_Circuits_-

_Theory_and_Application_(Fiore)/06%3A_Specialized_Op_Amps/6.02%3A_Instrumentation_A mplifiers

https://www.circuitlab.com/browse/by-tag/instrumentation-amplifier/

https://masteringelectronicsdesign.com/how-to-derive-the-instrumentation-amplifier-transfer-function/

https://www.elprocus.com/what-is-an-instrumentation-amplifier-circuit-diagram-advantages-and-applications/

https://www.easycalculation.com/engineering/electrical/instrumentation-amplifier-calculator.php

https://masteringelectronicsdesign.com/diferencial-amplificador-calculator-2/

https://www.calculatoratoz.com/en/output-voltage-for-instrumentation-amplifier-calculator/Calc-4406

https://www.electronicshub.org/instrumentation-amplifier-basics-applications/

https://electronics.stackexchange.com/questions/286584/calculate-the-gain-of-the-instrumentation-amplifier-for-an-input-current-i

https://circuitdigest.com/electronic-circuits/instrumentation-amplifier-circuit-using-op-amp

https://www.calculatoratoz.com/en/diferencial-ganho-de-instrumentação-amplificador-calculadora/Calc-4405

Investigue os softwares de calculadora de amplificadores de instrumentação e sua instalação em 5 softwares /aplicativos diferentes , usando uma combinação dos seguintes métodos:

i. Baixe versões gratuitas desses softwares de calculadora de amplificador de instrumentação moderna e execute-os localmente em seu laptop/computador.

ii. Baixe versões gratuitas desses softwares de calculadora de amplificador de instrumentação moderna e execute-os localmente em seu smartphone/tablet.

Este exercício treinará os alunos no uso de tais softwares modernos de calculadoras de amplificadores de instrumentação e suas opções disponíveis e os apresentará à nova era desses softwares modernos de calculadoras de amplificadores de instrumentação em smartphones e tablets. Uma pequena amostra de diferentes softwares modernos de calculadora de amplificadores de instrumentação também é abordada aqui. Eles podem ser necessários posteriormente durante seu curso, carreira e pesquisa. Ele também pode servir como um estudo preliminar para o aprendizado de softwares de calculadora de amplificadores de instrumentação modernos mais avançados/licenciados . Os resultados deverão ser demonstrados ao docente, antes da submissão. A submissão pode ser feita em cópia impressa ou eletrônica on-line. Siga as instruções subsequentes, incluindo os prazos relevantes, conforme indicado pelo docente. Os resultados esperados incluem um relatório docx /pdf, em bom formato, contendo o seguinte:

i. Uma folha de resumo da tarefa devidamente elaborada e preenchida.

ii. Os detalhes do computador/laptop no qual os softwares de calculadora de amplificador de instrumentação moderna serão instalados ou as versões de software on-line serão acessadas.

iii. softwares gratuitos de calculadora de amplificador de instrumentação moderna baixados e seus detalhes, incluindo detalhes de instalação.

iv. softwares gratuitos de calculadora de amplificador de instrumentação moderna , com cenários de demonstração de entrada fornecida e saída alcançada, possíveis detalhes sobre o nível de sucesso alcançado, etc. em cada um dos softwares de calculadora de amplificador de instrumentação moderna baixados .

v. Uma análise sucessiva dos diferentes softwares modernos de calculadora de amplificadores de instrumentação e qual você considera o melhor software gratuito para laptop/computador.

vi. Os detalhes do smartphone/tablet sobre o qual serão instalados os softwares modernos de calculadora de amplificadores de instrumentação.

vii. softwares de calculadora de amplificador de instrumentação moderna em smartphones/tablets, com cenários de demonstração de entrada fornecida e saída alcançada, possíveis detalhes sobre o nível de sucesso alcançado, etc. em cada um dos softwares de calculadora de amplificador de instrumentação moderna .

viii. Uma análise sucessiva dos diferentes softwares de calculadoras de amplificadores de instrumentação modernos e qual você considera o melhor suporte para smartphones/tablets.

ix. Um capítulo de conclusões abrangente.

x. Referências em questão.

xi. Seção "Apêndice" que possui basicamente 3 partes: a primeira parte trata da alocação de tarefas no grupo, a segunda parte da atribuição de agendamento de tarefas e a terceira parte trata das notas de supervisão da reunião e das orientações nelas fornecidas.

7.3 Tarefa 32: Softwares de calculadora com transformada discreta inversa de Fourier .

Recomendação: realizar em grupos de 2 alunos

Tempo prático sugerido – cerca de 6 horas

Você pode consultar os seguintes sites e mais fontes:

https://vaibhav32118.github.io/pbl/IDFT.html
https://www.easycalculation.com/engineering/electrical/inverse-discrete-fourier-transform.php
https://www.youtube.com/watch?v=3YaFRklBaEQ
https://play.google.com/store/apps/details?id=me.jajae.dft&hl=en&gl=US
https://www.reddit.com/r/redstone/comments/10oe3v5/dft_discrete_fourier_transform_calcul
ator_of_a/
https://dft-calculator.soft112.com/
https://patents.google.com/patent/US4164021A/en

Investigue os softwares de calculadora com transformada discreta de Fourier inversa e sua instalação em 5 softwares /aplicativos diferentes , usando uma combinação dos seguintes métodos:

i.   Baixe versões gratuitas desses softwares modernos de calculadora com transformada discreta de Fourier inversa e execute-os localmente em seu laptop/computador.

ii. Baixe versões gratuitas desses softwares modernos de calculadora com transformada discreta de Fourier inversa e execute-os localmente em seu smartphone/tablet.

Este exercício treinará os alunos no uso de tais softwares modernos de calculadora com transformada discreta de Fourier inversa e suas opções disponíveis e os apresentará à nova era desses softwares modernos de calculadora com transformada discreta de Fourier inversa em smartphones e tablets. Um pequeno resumo de diferentes softwares modernos de calculadora com transformada discreta de Fourier inversa também é abordado aqui. Eles podem ser necessários posteriormente durante seu curso, carreira e pesquisa. Ele também pode servir como um estudo preliminar para o aprendizado de softwares mais avançados/licenciados, como softwares modernos de calculadora de transformada discreta inversa de Fourier . Os resultados deverão ser demonstrados ao docente, antes da submissão. A submissão pode ser feita em cópia impressa ou eletrônica on-line. Siga as instruções subsequentes, incluindo os prazos relevantes, conforme indicado pelo docente. Os resultados esperados incluem um relatório docx /pdf, em bom formato, contendo o seguinte:

i. Uma folha de resumo da tarefa devidamente elaborada e preenchida.

ii. Os detalhes do computador/laptop no qual os softwares modernos da calculadora com transformada discreta de Fourier inversa serão instalados ou as versões do software on-line serão acessadas.

iii. softwares gratuitos de calculadora de transformação discreta inversa inversa de Fourier baixados e seus detalhes, incluindo detalhes de instalação.

iv. softwares gratuitos de calculadora de transformação discreta inversa moderna de Fourier , com cenários de demonstração de entrada fornecida e saída alcançada, possíveis detalhes sobre o nível de sucesso alcançado, etc. em cada um dos softwares de calculadora de transformação discreta inversa moderna baixada .

v. Uma análise sucessiva dos diferentes softwares modernos de calculadora com transformada discreta de Fourier inversa e qual você considera o melhor como software gratuito para laptop / computador.

vi. Os detalhes do smartphone/tablet sobre o qual os softwares modernos de calculadora com transformada discreta de Fourier inversa serão instalados.

vii. softwares modernos de calculadora de transformada discreta inversa de Fourier em smartphones/tablets, com cenários de demonstração de entrada fornecida e saída alcançada, possíveis detalhes sobre o nível de sucesso alcançado, etc. em cada um dos softwares modernos de calculadora de transformada discreta inversa de Fourier

.

viii. Uma análise sucessiva dos diferentes softwares modernos de calculadora com transformada discreta de Fourier inversa e qual você considera o melhor suporte para smartphones / tablets.

ix. Um capítulo de conclusões abrangente.

x. Referências em questão.

xi. Seção "Apêndice" que possui basicamente 3 partes: a primeira parte trata da alocação de tarefas no grupo, a segunda parte da atribuição de agendamento de tarefas e a terceira parte trata das notas de supervisão da reunião e das orientações nelas fornecidas.

7.4 Tarefa 33: Softwares de calculadora do Círculo de Mohrs .

Recomendação: realizar em grupos de 2 alunos

Tempo prático sugerido – cerca de 6 horas

Você pode consultar os seguintes sites e mais fontes:

https://mechanicalc.com/calculators/mohrs-circle/

http://www.jnovy.com/jnovy/calcs/MohrsCircle2d/mohrsCircle2d.html

https://www.graniteng.com/mohr-2d?lang=en

https://bendingmomentdiagram.com/free-calculator/mohrs-circle-calculator/

https://www.graniteng.com/mohr-3d?lang=en

https://calculatebuddy.com/mohrs-circle-calculator

https://www.omnicalculator.com/physics/mohr-circle

https://engineering.icalculator.com/mohrs-circle-calculator.html

https://valdivia.staff.jade-hs.de/mohr3d_en.html

https://amesweb.info/StressStrainTransformations/3DStressAnalysis/3DStressAnalysis.aspx

https://mj3259.github.io/_pages/Mohr%20Circle%20Calculator_HTML.html

https://apps.apple.com/us/app/mohrs-circle/id395110520

https://www.efunda.com/formulae/solid_mechanics/mat_mechanics/calc_principal_strain.cfm

https://amesweb.info/Stress-Strain/Plane-Stress-Transformation-Mohrs-Circle.aspx

https://www.rickallmendinger.net/mohrplotter

https://www.geogebra.org/m/DDkrSne2

https://play.google.com/store/apps/details?id=com.engineercalc.mohrscirclefree&hl=en_GB

https://www.efunda.com/formulae/solid_mechanics/mat_mechanics/mohr_circle_usage_strain.cfm

https://mohr-s-circle.soft112.com/

https://www.youtube.com/watch?v=PK5nzpU7yGY

https://community.degreetutors.com/c/building-a-mohr-s-circle-calculator-for-stress-ana/24

https://physicscalculatorpro.com/mohr-circle-calculator/

https://github.com/AgyeyaMishra/mohrs-circle-calculator

https://www.codeproject.com/Articles/1167491/Mohrs-Circle-Calculator-and-Transformation-of-D-St

https://play.google.com/store/apps/details?id=com.engineercalc.mohrscirclefree&hl=en_ZA&gl=US

https://www.efunda.com/formulae/solid_mechanics/mat_mechanics/mohr_circle.cfm

https://www.desmos.com/calculator/nrv1iyktxn

https://apps.apple.com/ro/app/mohrs-circle/id395110520

https://play.google.com/store/apps/details?id=com.engineercalc.mohrscircle&hl=en_ZA

https://mohr-s-circle-free.en.aptoide.com/app

https://www.easycalculation.com/engineering/mechanical/mohr-circle-calculation.php
https://cafebazaar.ir/app/com.nicimax.app.torkashvand.amin.mohrcirclecalculator?l=en
https://www.calculators.live/mohr-circle-calculation
https://www.calctool.org/continuum-mechanics/mohr-circle

Investigue os softwares da calculadora Mohrs Circle e sua instalação em mais de 5 softwares /aplicativos diferentes , usando uma combinação dos seguintes métodos:

i. Baixe versões gratuitas desses softwares modernos de calculadora do círculo de Mohrs e execute-os localmente em seu laptop/computador.

ii. Baixe versões gratuitas desses softwares Modern Mohrs Circle Calculator e execute-os localmente em seu smartphone/tablet.

Este exercício treinará os alunos no uso desses softwares modernos de calculadora do círculo de Mohrs e suas opções disponíveis e os apresentará à nova era desses softwares modernos de calculadora do círculo de Mohrs em smartphones e tablets. Uma pequena amostra de diferentes softwares modernos de calculadora do círculo de Mohrs também é abordada aqui. Eles podem ser necessários posteriormente durante seu curso, carreira e pesquisa. Ele também pode servir como um estudo preliminar para o aprendizado de softwares mais avançados/licenciados, como softwares modernos de calculadora do círculo de Mohrs . Os resultados deverão ser demonstrados ao docente, antes da submissão. A submissão pode ser feita em cópia impressa ou eletrônica on-line. Siga as instruções subsequentes, incluindo os prazos relevantes, conforme indicado pelo docente. Os resultados esperados incluem um relatório docx /pdf, em bom formato, contendo o seguinte:

i. Uma folha de resumo da tarefa devidamente elaborada e preenchida.

ii. Os detalhes do computador/laptop no qual os softwares da calculadora Mohrs Circle serão instalados ou as versões do software on-line serão acessadas.

iii. softwares gratuitos da calculadora Modern Mohrs Circle baixados e seus detalhes, incluindo detalhes de instalação.

iv. Relatório de execução dos softwares modernos gratuitos de calculadora do círculo de Mohrs , com cenários de demonstração de entrada fornecida e saída alcançada, possíveis detalhes sobre o nível de sucesso alcançado, etc. em cada software moderno da calculadora do círculo de Mohrs .

v. Uma análise sucessiva dos diferentes softwares modernos de calculadora do círculo de Mohrs e qual você considera o melhor como software gratuito para laptop/computador.

vi.   Os detalhes do smartphone/tablet sobre o qual os softwares Modern Mohrs Circle Calculator serão instalados.

vii.   Relatório de execução de tais softwares modernos de calculadora de círculo de Mohrs em smartphones/tablets, com cenários de demonstração de entrada fornecida e saída alcançada, possíveis detalhes sobre o nível de sucesso alcançado, etc. em cada um dos softwares modernos de calculadora de círculo de Mohrs .

viii.   Uma análise sucessiva dos diferentes softwares modernos de calculadora do círculo de Mohrs e qual você considera o melhor suporte para smartphones/tablets.

ix.   Um capítulo de conclusões abrangente.

x.   Referências em questão.

xi.   Seção "Apêndice" que possui basicamente 3 partes: a primeira parte trata da alocação de tarefas no grupo, a segunda parte da atribuição de agendamento de tarefas e a terceira parte trata das notas de supervisão da reunião e das orientações nelas fornecidas.

Seção 8: Conclusão.

8.1 Resumo deste Manuscrito.

Este manuscrito contém 33 exercícios práticos criteriosamente elaborados na área de Calculadoras utilizadas em Engenharia Eletrônica. Este manuscrito de apoio destina-se a ajudar os formadores/académicos mais jovens a compreender os tópicos a serem definidos como exercícios práticos valiosos para os alunos. Naturalmente, os softwares a instalar podem estar em qualquer idioma aprovado pelo formador. O formato de apresentação dos exercícios é semelhante. O objetivo deste formato semelhante é produzir exercícios coesos e independentes e mais fáceis de entender. Os académicos/treinadores mantêm a sua discrição para adaptar os exercícios à sua adequação e ajustar os critérios de classificação.

8.2 Premissas Consideradas.

Todos os estudos são geralmente baseados em certas suposições viáveis. As suposições para este manuscrito são as seguintes:

1. O hardware necessário para os exercícios correspondentes é disponibilizado aos alunos. Isso pode ser feito pelo fornecimento dos materiais pela escola ou pelos alunos que os obtêm por meio de patrocínio ou compra própria.
2. Os alunos têm bons níveis de proficiência para iniciantes no uso de computadores e smartphones.
3. Os alunos são suficientemente proficientes numa língua de redação de relatórios, seja inglês ou outras línguas, para redigir os relatórios apropriados e elaborar boas folhas de resumo do seu trabalho para facilitar a compreensão do trabalho.
4. Espera-se o aperfeiçoamento contínuo das habilidades de redação de relatórios, embora o nível de redação de relatórios esperado possa ser alterado pelos treinadores.
5. Os alunos têm smartphones ou tablets suficientemente potentes.
6. Espera-se um acompanhamento próximo dos treinadores e o trabalho em grupo é aplicado quando necessário.

8.3 Fundamentação para Obras Futuras.

O trabalho aqui apresentado abre perspectivas de mais trabalhos incluídos, mas não limitados a softwares nas seguintes áreas ou subcampos possíveis: Engenharia Eletrônica adicional, Engenharia de Fabricação, Engenharia Marinha e outras como Negócios e Gestão, Empoderamento pessoal e feminino, Melhoria na gama de Competências do Programador, Melhoria na Gama de Competências Técnicas e Melhoria na Segurança em ferramentas TIC.

Mais questões de atribuição deste tipo poderão ser concebidas no futuro, para enriquecer futuros formadores no desenvolvimento dos seus programas de formação.

93

yes
I want morebooks!

Buy your books fast and straightforward online - at one of world's fastest growing online book stores! Environmentally sound due to Print-on-Demand technologies.

Buy your books online at
www.morebooks.shop

Compre os seus livros mais rápido e diretamente na internet, em uma das livrarias on-line com o maior crescimento no mundo! Produção que protege o meio ambiente através das tecnologias de impressão sob demanda.

Compre os seus livros on-line em
www.morebooks.shop

info@omniscriptum.com
www.omniscriptum.com

Printed by Books on Demand GmbH, Norderstedt / Germany